Marc Tscheuschner

30 Minuten

Unternehmensethik

Bibliografische Information der Deutschen Nationalbibliothek

Die Deutsche Nationalbibliothek verzeichnet diese Publikation in der Deutschen Nationalbibliografie; detaillierte bibliografische Daten sind im Internet über http://dnb.d-nb.de abrufbar.

Umschlaggestaltung: die imprimatur, Hainburg
Umschlagkonzept: Martin Zech Design, Bremen
Lektorat: Friederike Mannsperger, GABAL Verlag GmbH
Satz: Zerosoft, Timisoara (Rumänien)
Druck und Verarbeitung: Salzland Druck, Staßfurt

Hinweis:
Das Buch ist sorgfältig erarbeitet worden. Dennoch erfolgen alle Angaben ohne Gewähr. Weder Autor noch Verlag können für eventuelle Nachteile oder Schäden, die aus den im Buch gemachten Hinweisen resultieren, eine Haftung übernehmen.

Das Rad der Arbeitsfunktionen, das Modell der Linking Skills und das Team Management Rad von Margerison-McCann sowie das QO2-Modell und das Window-on-Work-Values-Modell von McCann sind geschützte Warenzeichen. Nutzung mit freundlicher Genehmigung durch TMS Development International, York/UK, www.tmsdi.com.

Printed in Germany

978-3-86936-356-1

In 30 Minuten wissen Sie mehr!

Dieses Buch ist so konzipiert, dass Sie in kurzer Zeit prägnante und fundierte Informationen aufnehmen können. Mithilfe eines Leitsystems werden Sie durch das Buch geführt. Es erlaubt Ihnen, innerhalb Ihres persönlichen Zeitkontingents (von 10 bis 30 Minuten) das Wesentliche zu erfassen.

Kurze Lesezeit

In 30 Minuten können Sie das ganze Buch lesen. Wenn Sie weniger Zeit haben, lesen Sie gezielt nur die Stellen, die für Sie wichtige Informationen beinhalten.

- Alle wichtigen Informationen sind blau gedruckt.

- Schlüsselfragen mit Seitenverweisen zu Beginn eines jeden Kapitels erlauben eine schnelle Orientierung: Sie blättern direkt auf die Seite, die Ihre Wissenslücke schließt.

- *Zahlreiche Zusammenfassungen innerhalb der Kapitel erlauben das schnelle Querlesen.*

- Ein Fast Reader am Ende des Buches fasst alle wichtigen Aspekte zusammen.

- Ein Register erleichtert das Nachschlagen.

Inhalt

Vorwort

Stellen Sie sich vor, Sie sind Manager in einem großen Konzern (und vielleicht sind Sie das ja auch). Sie stehen kurz vor dem Abschluss eines bedeutenden Geschäfts. Ihr Verhandlungspartner bestätigt Ihnen, dass Sie das mit Abstand beste Angebot vorgelegt haben. Nur eine winzige Kleinigkeit fehlt da noch. Ein Beratungsmandat für einen guten Bekannten, der – wenn auch völlig fachfremd – sicher bei dem Auftrag unterstützen könnte. Oder ein bescheidener Geldbetrag, vorzugsweise auf ein Offshorekonto zu überweisen.

Sie stecken in einem Dilemma. Bestechung ist Ihre Sache nicht. Da wissen Sie auch Ihren Chef hinter sich, der Zuwendungen jeglicher Art klar ablehnt, wenn er auch verlorene Aufträge noch ein kleines bisschen mehr ablehnt. Außerdem denken Sie an die 180 Arbeitsplätze, die durch diesen Auftrag gesichert wären. Was tun?

Unternehmensethik ist die Disziplin, die sich mit solchen Dilemmas beschäftigt. Es geht um die Grundlagen, wie Entscheidungen getroffen werden, und damit um einen wichtigen Teil betriebswirtschaftlichen Denkens. Aus meiner Sicht gewinnt die Auseinandersetzung mit ethischen Fragen immer weiter an Bedeutung im unternehmerischen Handeln. Und das betrifft nicht nur Unternehmer und Führungskräfte, sondern auch zunehmend Mitarbeiter aller Hierarchieebenen.

Bitte sehen Sie vom Kauf dieses kleinen Buches ab, wenn Sie eine Lösung des Dilemmas erwarten (allerdings würde Ihnen auch kein dickeres Buch helfen). Wenn Sie jedoch Anregungen für Ihren Lösungsweg suchen und eine Zusammenfassung der aktuellen Diskussion haben möchten, dann wünsche ich Ihnen jetzt viel Spaß beim Lesen.

Bad Nauheim, 2011
Marc Tscheuschner

Ich würde mich freuen, die Diskussion mit Ihnen fortzuführen. Sie erreichen mich unter marc.tscheuschner@tms-zentrum.de

30 MINUTEN

1. Unternehmensethik – Worum geht es?

Werden die Zeiten wirtschaftlich enger oder droht gar eine Finanzkrise mit Schuldenkollaps europäischer Staaten, wird der Ruf nach ethisch korrektem Verhalten in Unternehmen lauter. Begriffe wie „Corporate Social Responsibility" tauchen immer häufiger auf. Der Wunsch nach verantwortungsvollem Handeln steht im Raum, der Druck auf Unternehmer, Manager und Mitarbeiter steigt. Sie sollen jetzt „das Richtige" tun.

Viele Handlungen von Unternehmen entsprechen voll und ganz unserer Rechtsordnung, dennoch geraten Unternehmen leicht in die öffentliche Kritik. Durch Boni, Entlassung und dann Wiedereinstellung von Mitarbeitern zu schlechteren Bedingungen und andere diskussionswürdige Handlungen. Spielräume, die für unternehmerisches Handeln essenziell sind, werden nicht so genutzt, wie sich das der eine oder andere wünscht. In diesen Fällen geht es um Fragen der Ethik.

1.1 Zentrale Grundbegriffe

Ethik ist die Bezeichnung für eine philosophische Disziplin, die wissenschaftliche Auseinandersetzung mit Gewohnheiten, Sitten und Gebräuchen (ethos) der Menschen. Aristoteles (384 – 322 v. Chr.) führte diesen Begriff ein, als Lehre von der Beurteilung des menschlichen Handelns. Er ging von der Überzeugung aus, dass menschliches Verhalten grundsätzlich einer vernünftigen und fundierten theoretischen Reflexion zugänglich sei.

Am Anfang der Diskussion ethischer Fragen steht die Definition, was gut und was böse ist. Es geht also darum, welches Verhalten lobenswert und welches zu tadeln ist. Damit gibt Ethik die Einstellung eines Menschen wieder, wie er mit seinen Mitmenschen umgeht. Es werden Kriterien für gutes und schlechtes Handeln und die Bewertung von Motiven und Folgen definiert. Doch wie soll man Handlungen bewerten? Hier kommt die Vernunft ins Spiel: Ethisches Handeln orientiert sich einzig am Prinzip der Vernunft, nicht etwa an vorgegebenen religiösen Normen. Das Ziel der Ethik ist die Erarbeitung von allgemeingültigen Normen und Werten. Nach Immanuel Kant soll Ethik die gar nicht so einfache Frage beantworten: „Was soll ich tun?"

Ethik zeigt die Prinzipien auf, wie gutes Handeln entsteht, wie ganz allgemein Bewertungen bestimmter Problemsituationen begründet werden können, wie Werturteile gefällt werden. Ihre Ergebnisse bestehen in anwendbaren ethischen bzw. moralischen Normen, die beinhalten, dass unter bestimmten Bedingungen bestimmte Handlungen geboten, verboten oder erlaubt sind. Die Anwendung dieser Prinzipien auf den einzelnen Fall ist im Allgemeinen nicht durch Ethik leistbar, sondern Aufgabe der praktischen Urteilskraft und des Gewissens jedes Einzelnen.

Als Grundlage für diese praktische Urteilskraft werden Absicht und Freiwilligkeit unterstellt: Zum einen nehmen wir Handlungen so vor, wie wir uns das vorher vorgenommen haben, und zum anderen tun wir dies mit Wissen und freiem Willen. Ethisch bewertbares Handeln setzt voraus, dass wir uns vorher nach besten Kräften informiert und daraus unsere Handlung abgeleitet haben. Und nicht etwa aus fehlendem Wissen heraus schlicht falsch – oder gar dumm – handeln.

Was ist gut?

Ethik fragt, wie ein Handeln zu bewerten ist: gut oder schlecht. Wenn etwas gut ist, erfüllt es seinen Zweck in besonderer Art und Weise. Eine gute Schere wird hervorragend schneiden, scharf und gerade. Ein gutes Auto wird die Passagiere sicher von A nach B bringen, wenig Reparaturen verursachen und vielleicht noch mit der ein oder anderen Annehmlichkeit aufwarten. Ein schlechtes Auto wird diese Erwartungen nicht erfüllen. Vielleicht wird es oft kaputt sein oder die Mitfahrer werden wegen rumpeligem Fahrwerk und abfallenden Bauteilen gestresst das Fahrzeug wieder verlassen. Dieses

Beispiel zeigt, dass es oft vom Auge des Betrachters abhängt, ob etwas gut ist. Jeder Mensch besitzt andere Bewertungskriterien, nach denen er ein Objekt oder eine Handlung einschätzt. Das gute Auto kann für jemand anderen schlecht sein. Etwa wenn er ein größeres Auto mit erweiterter Ausstattung oder eine andere Marke bevorzugt – oder gar kein Auto akzeptiert, da man ja wegen Lärmentwicklung und Ressourcenverbrauch gar kein Auto fahren dürfe. Mehr dazu in Kapitel 3.1.
Nach Kant lässt sich am einfachsten prüfen, ob eine Handlung gut und richtig ist, indem man sich fragt, ob die Öffentlichkeit davon erfahren dürfe. Würde man eine Handlung (oder ganz praktisch: eine geschriebene E-Mail) lieber geheim halten, weil man ansonsten Protest oder Widerstand befürchten würde, wäre dies ein deutliches Indiz für ihre Ungerechtigkeit.

Ist es heute noch gut?

Bleiben wir noch ein wenig beim Beispiel Auto. Noch vor einigen Jahren war es ein Zeichen von gehobenem Status, ein möglichst großes Auto mit großem, starkem Motor zu fahren. Das ist heute noch immer weitverbreitet, aber:
Man will es nicht mehr so richtig gerne zugeben. Zumindest nicht öffentlich. Hier wandelt sich die Moral. Autos verlieren an Wichtigkeit und es wird schicker, mit einem Hybridfahrzeug oder einem stylishen Elektrofahrrad zu glänzen als mit einem Spritschlucker. Gerade für Unternehmer ist es wichtig, wandelnde Maßstäbe früh-

zeitig zu erkennen und die Auswirkungen in Strategie und Produktplanung zu berücksichtigen.
Das Auto-Beispiel zeigt: Ethik fragt nicht nur nach eher technisch sinnvollen oder zweckmäßigen Maßstäben, sondern eben nach richtig oder falsch. Dann kommen Emotionen ins Spiel. Denn das, was jeder als gut und richtig ansieht, wird als moralisch höherwertig angesehen und entsprechend verteidigt. Jeder Mensch besitzt eine tiefe Sehnsucht, sein eigenes Handeln als gut, richtig und zweckmäßig anerkannt zu bekommen.

Moral und Ethos

Die Moral beschreibt, was in einer Gesellschaft ganz grundlegend für gut oder böse gehalten wird. Oft spricht man auch von der „herrschenden Moral", was schon zeigt, dass etwas herrschen kann – oder eben auch nicht (mehr). Die Moral kann sich in verschiedenen Gesellschaften ganz unterschiedlich zeigen und verändert sich mit der Zeit. Die Moral schlägt sich nieder in Wertmaßstäben und Sinnvorstellungen und findet schließlich Eingang in die Gesetzgebung.
Akzeptiert ein Individuum die herrschende Moral und richtet sein Handeln danach als innere Verpflichtung zum Guten dauerhaft aus, spricht man von Ethos. Auch einzelne Berufsgruppen können sich einem bestimmten Ethos verpflichtet fühlen. Handwerksmeister haben häufig ein Ethos, auch wirklich meisterliche Leistungen abzuliefern. Auch das Bild des Ehrbaren Kaufmanns entspricht einem solchen beruflichen Ethos.

Wirtschafts- und Unternehmensethik

Neben der allgemeinen Ethik gibt es eine ganze Reihe spezifischer Forschungsgebiete, die die Ethik einzelner konkreter Lebensbereiche betrachten. Eine dieser spezifischen Ethiken ist die Unternehmensethik. Hier geht es um die Frage, nach welchen Kriterien unternehmerische Entscheidungen gefällt werden, außer rein ökonomischen. Jeder Unternehmer trägt eine gesamtgesellschaftliche Verantwortung, gegenüber Kunden, Mitarbeitern, Lieferanten, Anteilseignern und vielen weiteren Beteiligten. Eine ausschließlich am persönlichen Vorteil – der Rendite – ausgerichtete Geschäftspraxis läuft jedem gesunden Menschenverstand zuwider. Die menschliche Erfahrungswelt ist viel komplexer. Der Mensch ist ein soziales Wesen und auf den Austausch, die Interaktion mit anderen angewiesen. Egal ob Lieferant, Arbeitnehmer oder Kunde: Ein Unternehmen, das sich als Partner versteht, sich glaubwürdig, integer und korrekt verhält, wird mehr Wertschätzung erhalten als andere und mit Anerkennung belohnt. Eine gute Ausgangsbasis für langfristigen Unternehmenserfolg.

Wissenschaftlich betrachtet, wird häufig zwischen einer beschreibenden, also deskriptiven Unternehmensethik und einer normativen Unternehmensethik unterschieden. Die beschreibende Unternehmensethik setzt sich mit den tatsächlichen Phänomenen des Handelns im wirtschaftlichen Kontext auseinander. Die normative Unternehmensethik trifft im Vorfeld von Handlungen Aussagen über richtiges und falsches Verhalten und befasst sich mit der Rechtfertigung dieser Aussagen.

Wirtschafts- und Unternehmensethik sind Begriffe, die eng zusammenhängen. Wirtschaftsethik wird als der übergeordnete Begriff verstanden, der die ethisch-normative Ausgestaltung der gesamtwirtschaftlichen Rahmenbedingungen beschreibt. Darunter fallen die Wirtschaftsordnung eines Staates, die Wirtschafts- und Sozialpolitik wie auch die internationalen Wirtschaftsbeziehungen. Die Wirtschaftsethik untersucht das wirtschaftliche Verhalten der Akteure – Einzelpersonen und Organisationen – und will über eine entsprechende Gestaltung der Regelungen und Rahmenbedingungen ein erwünschtes Verhalten herbeiführen. Wirtschaftsethische Initiativen gehen daher von übergeordneten Institutionen aus. Etwa wenn auf europäischer Ebene Regelungen zum Verbraucherschutz vereinbart werden, die dann in nationales Recht einfließen.

Im Fokus der Wirtschaftsethik stehen die grundlegenden Fragen der sozialen Gerechtigkeit und des nachhaltigen Wirtschaftens. Auch diese Maßstäbe sind Veränderungen unterworfen, sowohl regional als auch im Zeitverlauf. Ethische Maßstäbe können in den Regionen der Welt völlig unterschiedlich angelegt sein. Man denke nur an die Gleichstellung zwischen Mann und Frau oder die Beurteilung von Kinderarbeit. Aufgabe der Wirtschaftsethik ist es, Spielregeln aufzustellen und damit einen Rahmen zu gestalten, in dem sich Marktteilnehmer bewegen können und der unternehmerisches Handeln erlaubt. Die Handlungsfreiräume, die Unternehmen für ihre Aktivitäten nutzen können, sind dabei je nach Themengebiet unterschiedlich groß. Insbesondere wenn es gilt, diese Freiräume zu nutzen, beginnt der Diskurs der Unternehmensethik. Hier geht es um das Verhalten des einzelnen Unternehmens bzw. der Menschen, wie sie sich verhalten und ihre Beziehungen gestalten.

Die Einschätzung, ob ein Verhalten ethisch oder unethisch ist, hängt oft von der Perspektive ab: Brechen zahlreiche Aufträge weg, kann die Entlassung von Menschen erforderlich sein, um das Gesamtunternehmen zu retten, was aus Sicht des Geschäftsführers oder Vorstands ein ethisches Verhalten spiegelt. Letztlich werden ja umso mehr Arbeitsplätze gesichert. Aus Sicht eines entlassenen Arbeitnehmers wird dies nur das typisch unethische Verhalten „der Manager" zeigen. Unternehmensethik ist daher ein Diskurs und keine einmalige Festlegung von Normen, die dann für alle Zeit gelten. Es geht um einen dauerhaften, regelmäßigen Austausch von Meinungen. An diesem Austausch müssen die Vertreter der Disziplinen beteiligt sein, die den ethischen Diskurs prägen: Philosophen, Ökonomen, Sozialwissenschaftler, Theologen und andere mehr.

Ehrbarer Kaufmann

Die Beschäftigung mit den Fragen der Unternehmensethik hat eine lange Tradition. Schon im 12. Jahrhundert entstand die grundlegende Idee des Ehrbaren Kaufmanns. Damals gab es keine weltumspannenden

Konzerne, bei denen sich der Einzelne hinter anderen verstecken konnte. Das wesentliche Geschäft lief zwischen einzelnen Kaufleuten ab und wurde per Handschlag besiegelt. Unter Ehrbarkeit verstand man zum einen die ganz praktischen Fähigkeiten, wie z. B. Schreiben, Rechnen und die Beherrschung von Sprachen, aber auch tugendhaftes Verhalten: Aufrichtigkeit, Höflichkeit, Ordnung, Fleiß, Toleranz, Friedensliebe.
Diese Charaktereigenschaften sollten dazu dienen, das nötige Vertrauen für Geschäfte aufzubauen, langfristig geschäftlich erfolgreich zu sein und den sozialen Frieden in der Stadt aufrechtzuerhalten. Das Leitbild des Ehrbaren Kaufmanns findet sich schon im Mittelalter sowohl in italienischen Kaufmannshandbüchern als auch bei der Hanse im Norden Europas. Dieses Ethos ist noch heute prägend für eine Vielzahl Unternehmer.

Compliance

Der Begriff „Compliance“ (dt. Regelkonformität) umschreibt ganz allgemein die Einhaltung von Gesetzen und Richtlinien in einem Unternehmen. In erster Linie soll kriminelles Verhalten in einem Unternehmen verhindert werden. Häufig geht es um Betrug, Interessenkonflikte, Insiderhandel, Geldwäsche oder Verletzungen des Datenschutzes. Es wird darüber hinaus geprüft, ob das unternehmerische Verhalten mit den gesellschaftlichen Richtlinien und Wertvorstellungen in Einklang ist. Compliance-Abteilungen wachen daher auch über die innerhalb des Unternehmens vereinbarten

Regeln. Damit gilt Compliance als bedeutender Baustein einer ordnungsgemäßen Unternehmensführung und erbringt wirtschaftlichen Nutzen: Vermeidung von Kosten durch Schäden, Strafzahlungen und kurzfristig notwendige Maßnahmen und Einnahmeausfälle durch Image-Schäden. Der Aufbau einer tragfähigen Compliance-Organisation liegt in der Verantwortung der Unternehmensleitung. Das Management eines Unternehmens kann bei unzureichender Organisation aufgrund eines Verstoßes gegen die Organisationssicherheit persönlich haftbar gemacht werden.

Corporate Social Responsibility

Corporate Social Responsibility (unternehmerische Gesellschaftsverantwortung, CSR) geht gegenüber dem Konzept der Compliance noch einen Schritt weiter: CSR beschreibt den freiwilligen Beitrag eines Unternehmens zur nachhaltigen Entwicklung der Gesellschaft. Es geht um die Haltung eines Unternehmens, die Verantwortung, die es als Teil der Gesellschaft übernimmt. Angefangen hat dies bei großen Chemiekonzernen, die sich um Nachhaltigkeitsstrategien bemühten. Sie haben schnell gemerkt, was es bedeutet, durch eine Umweltkatastrophe erst sein gutes Image und dann seine gesellschaftliche Legitimierung zu verlieren. Heute geht es neben ökologischen vermehrt um soziale Belange, die mit der Tätigkeit des Unternehmens zusammenhängen. Und in einer immer stärker vernetzten Welt gewinnt CSR zunehmend an Bedeutung. Wenn Adidas

heute in Bangladesch Sportkleidung produzieren lässt, kann es sich nicht mehr erlauben, andere, geringere Standards anzuwenden als in westlichen Produktionsstandorten. Unhaltbare Zustände sprechen sich schnell herum. Das Reputationsrisiko zählt heute zu den größten Risiken für Unternehmen.
Der Begriff CSR wird in Zukunft mit weiteren Themen und Aufgabengebieten verbunden werden: Leistungen, die früher selbstverständlich vom Staat erbracht wurden, werden aufgrund leerer Kassen zunehmend vermindert oder eingestellt werden. Dies kann Freizeiteinrichtungen, Kleinkindversorgung oder Gesundheitsleistungen betreffen. Die Ansprüche an Unternehmen, hier Leistungen zu übernehmen, können schnell steigen. Doch sollten Unternehmer nicht auf jeden Zug aufspringen, sondern sich insbesondere in den Themen engagieren, die zu ihrem Geschäft passen. Der demografische Wandel forciert das Interesse an CSR zusätzlich: Auszubildende und Arbeitnehmer erhalten eine stärkere Verhandlungsposition und werden sich im Zweifelsfall für den Arbeitgeber entscheiden, der ihnen attraktiver erscheint – auch durch gesellschaftliches Engagement und eine gute Reputation.

Unternehmensethik setzt sich mit der grundlegenden Frage „Was soll ich tun?" auseinander. Es geht darum, wie unternehmerische Freiräume genutzt werden. 30

1.2 Beurteilungskriterien für ethisches Handeln

Ethik versucht, Handlungen zu beurteilen. Dies kann danach geschehen, welche Absicht jemand mit einer Tat hatte, welche Tat er tatsächlich begangen hat und welche Folgen mit der Tat verbunden waren. Um es gleich vorwegzunehmen: Es gibt keine abschließende Festlegung, welche der Denkrichtungen richtig oder falsch ist. Vielmehr müssen in der Diskussion des Einzelfalles alle drei Blickrichtungen einbezogen und abgewägt werden.

Welche Absicht wird mit einer Handlung verfolgt? Dieser Frage widmet sich die Gesinnungsethik. Ethisch ist demnach, das Gute zu wollen. Das kommt zunächst unserem ganz allgemeinen Verständnis, ob jemand gut oder böse gehandelt hat, nahe: „Er tat es in bester Absicht." Schon für Kant war die Absicht einer Handlung ganz entscheidend, um eine ethische Bewertung vornehmen zu können. Nun ist die Aussage „Er tat es in bester Absicht" zu einem geflügelten Wort geworden, das ein Dilemma einer guten Absicht zeigt. Zwar mag die Absicht gut gewesen sein, das Ergebnis aber sah ganz anders aus ... Wir können die Folgen unserer Handlungen oft gar nicht richtig einschätzen, Umfeldfaktoren können sich so verändern, dass aus einer gut gemeinten Tat eine Katastrophe erwächst.

War die Tat an sich gut? Hier geht es um die Tat an sich. Moralisch ist demnach, wenn man das Gute tut, wenn man dem Guten verpflichtet ist. Daher spricht man auch von der Pflichtenethik. Kant lieferte dazu die Formulierung des kategorischen Imperativs: „Handle stets nach einer Maxime, welche zugleich als ein allgemeines Gesetz gelten kann.“ Für Kant hatte dies viel mit der inneren Haltung eines Menschen zu tun. An erster Stelle stand für ihn die innere Verpflichtung zum moralischen Handeln, gefolgt von allgemeiner Mitmenschlichkeit, Dankbarkeit, Wohlwollen, Wahrhaftigkeit, Achtung für das Recht. Haltungen, die dem entgegenstehen, sah er als verboten an: Neid, Missgunst, Schadenfreude, Hochmut, Rachbegierde, Geiz. Aus dieser Sichtweise lassen sich eindeutige Handlungsanweisungen für den Einzelnen ableiten. Doch wird auch hier ein Dilemma deutlich: Die Tat kann zwar gut sein, die Folgen jedoch unübersehbar schlecht. Göbel (2010) zeigt dies an einem klassischen Dilemma: Wie soll ein Arzt handeln, der eine Mutter nur retten kann, wenn er das Ungeborene tötet? Steht für ihn das Gebot „Du sollst nicht töten“ im Mittelpunkt und unternimmt er damit nichts, werden mit Sicherheit beide sterben.

Waren die Folgen gut? Werfen wir nun einen Blick auf das, was durch eine Handlung erreicht wurde. Wenn das Ergebnis gut ist, werden auch die dafür erforderlichen Handlungen gut gewesen sein. Eine Sichtweise, die Vertreter der Folgenethik teilen. Doch sind die Folgen einer Handlung selten zu überblicken. Mal kann aus einer boshaften Bemerkung eine Idee für ein erfolgreiches Produkt entstehen, mal kann eine gut gemeinte

– und tugendhaft ausgeführte – Tat im Desaster enden. Gleichzeitig muss man die Folgen auch als gut bewerten können. Der Zweck, der die Mittel heiligt, muss von allen Seiten auch als erwünscht angesehen werden. Wenn wir uns die militärisch geführten Konflikte der jüngeren Vergangenheit anschauen, erscheint das schon gar nicht so einfach.
Keine der drei Sichtweisen erscheint ausreichend, um beurteilen zu können, ob eine Handlung gut oder schlecht ist. Vielmehr gilt es, diese drei Sichtweisen im Blick zu haben und abzuwägen, wenn eine konkrete Handlung bewertet werden soll.

30 *Ethische Fragen können aus unterschiedlichen Perspektiven diskutiert werden. Entscheidend ist es, verschiedene Sichtweisen zu kombinieren, um ein umfassendes Urteil bilden zu können.*

1.3 Ethik und Ökonomie

Nehmen wir ein klassisches Lehrbuch der Betriebswirtschaft zur Hand. Ethik wird darin mit keinem Wort erwähnt. Warum ist das so? Sollen an unseren Universitäten rücksichtslose Ökonomen ausgebildet werden, die den Menschen für einen Homo oeconomicus, einen reinen Nutzenmaximierer, halten?
Ethische Themen fehlen häufig in den klassischen Ausbildungsgängen zukünftiger Manager, der Betriebs-

oder Volkswirtschaftslehre. Manager, die aus naturwissenschaftlichen Fächern kommen, sind häufig eher sensibilisiert. Die Auseinandersetzung mit ethischen Themen ist in Biologie, Medizin und anderen Fächern stärker ausgeprägt als in den oft mathematisch geprägten wirtschaftlichen Fächern. In der ökonomischen Diskussion zieht man sich gerne auf Formeln wie das „Gesetz des Marktes“ zurück. Es wird ein rationales Denken unterstellt, nach dem mit den vorhandenen Mitteln ein maximaler Nutzen erzielt werden soll. Und Ludwig Erhard sagte als Mitbegründer der sozialen Marktwirtschaft: „Wirtschaften an sich ist frei von moralischem Gehalt.“ Eine Meinung, mit der man heute als Unternehmer oder Politiker nicht sehr weit käme.

Auf der anderen Seite muss man Ökonomen zugutehalten, dass sie sich in ihrer wissenschaftlichen Disziplin einen spezifischen Erkenntnisgegenstand ausgesucht haben, die Wissenschaft vom wirtschaftlichen Handeln. Sie widmen sich also der Frage, wie man vorhandene Mittel so einsetzen kann, dass ein möglichst großes Maß an Bedürfnisbefriedigung erreicht werden kann. „Die Wirtschaft verdankt ihre Entstehung also einer quantitativen Relation: der Knappheit der Güter und der Unbegrenztheit menschlicher Bedürfnisse“, sagt Wöhe (2010) in seinem Lehrbuch zur Betriebswirtschaftslehre. Er beschreibt, genau wie Ludwig Erhard, die Wertneutralität der Wirtschaft, deren Kind auch der Homo oeconomicus ist. Man könnte meinen, dass das sehr kurzsichtig sei, es ist aber gar nicht so gemeint.

Letztlich ist die Rationalität eines Homo oeconomicus ein idealtypisches Konstrukt, um Handlungen eines Individuums gegenüber einem Orientierungspunkt beschreiben zu können.
Dennoch hat sich der Anspruch an die Betriebswirtschaft in den vergangenen Jahren gewandelt. Zunehmend wird gefordert, an Universitäten nicht nur Ökonomen im klassischen Sinne auszubilden, sondern die Grundlage dafür zu legen, dass aus Absolventen verantwortlich handelnde Betriebswirte mit ethischem Verständnis werden. Amerikanische Business Schools greifen dies im Angesicht der weltweiten Finanzkrise auf und lassen ihre Absolventen seit Kurzem einen Eid schwören: „Als Manager ist es meine Aufgabe, der Gesellschaft zu dienen" (Manager-Eid der Harvard Business School). Henry Mintzberg von der kanadischen McGill University entgegnete dazu: „Ein paar zusätzliche Kurse in Ethik helfen doch nicht. Das ist ein trivialer Versuch, das Problem zu lösen." (SPIEGEL Online, 2010) Dennoch scheint dies zumindest ein Anfang zu sein, um das Bewusstsein für Aufgaben und Wirkungen zu schärfen.
Ethisches Verhalten als Unternehmer steht häufig im Spannungsfeld zwischen Moral und Ökonomie. Wirtschaftlicher Alltag hat immer etwas mit Dilemmas zu tun. Die Knappheit der Güter fordert stets Entscheidungen: Was soll ich tun – und was soll ich lassen? Gleichzeitig müssen Chancen und Risiken abgewägt werden, um dann zu einer Entscheidung zu kommen, die auch

ethisch vertretbar erscheint. Und für diese Entscheidung muss dann auch jemand die Verantwortung tragen (ein Begriff, auf den wir noch eingehen werden). Es zeigt sich, dass hier Familienunternehmen oder Unternehmen mit persönlich haftenden Gesellschaftern an der Spitze tendenziell von börsennotierten Unternehmen zu differenzieren sind. Der Inhaber an der Spitze prägt sein Unternehmen – und das führt häufig zu langfristigem Denken, weniger zu Entscheidungen, die sich am vom Kapitalmarkt getriebenen Denken in Quartalszielen orientieren.

Ethik hält zunehmend Einzug in die betriebswirtschaftliche Ausbildung und erweitert damit das Erkenntnisobjekt der Ökonomen.

1.4 Der Nutzen ethischer Unternehmensführung

Die meisten Produkte kann man heute kaum alleine herstellen. Also schließt man sich mit anderen zusammen, ein Unternehmen entsteht. Doch wie lange kann sich diese Organisation halten? Dazu können wir aus drei Richtungen auf ein Unternehmen blicken. Zunächst einmal aus Sicht der Organisation selbst. Das Unternehmen ist ein Zusammenschluss verschiedener Menschen, die sich unter einem Dach, einem Firmennamen, zusammengefunden haben. Das machen sie im Wesentlichen freiwillig, wenn auch persönliche Zwänge zum Geldverdienen bei jedem eine Rolle spielen mögen. Aber letztlich kann sich jeder für oder gegen ein Unternehmen entscheiden. Wie die Zusammenarbeit aussehen soll, das regelt dann ein Arbeitsvertrag.

Neben dieser systemischen Blickrichtung können wir auch vom Markt auf ein Unternehmen schauen: Demnach wird das Unternehmen so lange existieren, wie die Marktteilnehmer, die das Überleben sichern, diesem gewogen sind: Auf der einen Seite müssen Lieferanten Maschinen, Betriebsmittel und Vorprodukte zur Verfügung stellen, auf der anderen Seite müssen Kunden die Produkte und Dienstleistungen in ausreichendem Umfang nachfragen und bezahlen. Außerdem müssen auch Banken die notwendigen Finanzierungen sicherstellen. Das machen diese Kooperationspartner mit ganz unterschiedlicher Motivation. Die Lieferanten freuen sich über das Geschäft, das sie in der Regel weiter ausbauen möchten. Kunden sind da schon eine etwas flüchtigere Gruppierung, denn sie können in der Regel zwischen vielen alternativen Angeboten mit ähnlichem Leistungsversprechen wählen.

Und schließlich muss auch übergeordnet die Öffentlichkeit das Unternehmen und seine Produkte wollen. Der Staat achtet darauf, dass seine Gesetze eingehalten werden, und gibt dann „grünes Licht" für die Produktion der Güter. Und die Öffentlichkeit sollte doch bitte wohlwollend die Initiative des Unternehmens begleiten und nicht durch Proteste den Bau einer Fabrik (oder

eines neuen Bahnhofs) verzögern oder gar aufhalten.
Alle drei Blickrichtungen zeigen eine zunehmende Sensibilität für die Themen einer ethischen Unternehmensführung. Es hat sich eine kritische Öffentlichkeit entwickelt, die hohe Erwartungen an die Verantwortungsübernahme und Ehrbarkeit von Unternehmen stellt. Kunden, denen eine Leistung eines Unternehmens nicht gefällt, können unter zahllosen Produkten mit vergleichbaren Eigenschaften wählen und mit wenig Aufwand im Internet eine Bewertung abgeben, ihren Missmut in sozialen Netzwerken äußern oder ihren Frust per Twitter in die Welt zwitschern. Wenige schlechte Bewertungen genügen und die Reputation ist dahin, spürbare Umsatzverluste sind die Folge. Die Produkte müssen ehrbar bezogen, hergestellt und kommuniziert werden. Oder würden Sie das Produkt eines Unternehmens bedenkenlos kaufen, für das schon schlechte Bewertungen aufgrund ethischen Fehlverhaltens abgegeben wurden?
Wer sich im Geschäftsleben hohe ethische Standards setzt, erscheint vertrauenswürdig. Vertrauen reduziert die Unsicherheit im Umgang erheblich. Im Alltag kann man sich nicht gegen alle denkbaren Fälle geschäftsschädigenden menschlichen Verhaltens absichern, der juristische Aufwand würde ins Unermessliche steigen. Arbeitet man mit einem Unternehmen zusammen, dem man vertraut, sinkt der Wunsch, sich gegen alle möglichen Eventualitäten abzusichern. Lieferanten, die bei Engpässen entscheiden müssen, welches Unternehmen

sie beliefern, werden diese Überlegung einbeziehen.
Auch für (zukünftige) Mitarbeiter hat das ethische Verhalten eines Unternehmens Relevanz. Die Möglichkeiten der Auswahl zwischen verschiedenen Unternehmen werden sich in absehbarer Zeit durch die demografische Entwicklung eher vervielfältigen als reduzieren. Insbesondere Menschen mit guter Ausbildung werden mehr als ein Arbeitsangebot erhalten und sich dann eher für das Unternehmen entscheiden, das ihren ethischen Ansprüchen gerecht wird. Oder sie werden ein höheres Gehalt fordern, um kognitive Dissonanzen auszugleichen, was teuer und keine dauerhaft tragfähige Lösung sein wird.
Welcher konkret quantifizierbare Nutzen für ein Unternehmen aus der Berücksichtigung ethischer Themen entsteht, lässt sich pauschal nicht beantworten. Zu viele Einflussfaktoren spielen eine Rolle. Es ist eine unternehmerische Entscheidung, wie das Unternehmen und dessen Umfeld gestaltet werden sollen, wie der Einfluss der beschriebenen Blickrichtungen auf das Unternehmen bewertet wird und welche Maßnahmen mit wie viel Engagement ergriffen werden.

Ethisch reflektiertes Verhalten kann Unternehmen eine bessere Ausgangsposition ermöglichen: 30

- ***Sie haben ein besseres Standing nach außen, wenn Sie Ihrer gesamtgesellschaftlichen Verantwortung gerecht werden (CSR) und auch nach innen klare ethische Richtlinien einführen (Compliance).***
- ***Für die Beurteilung ethischen Handelns muss zwischen der guten Absicht einer Handlung, der Bewertung der Handlung selbst und ihren Folgen abgewogen werden.***
- ***Im Spannungsfeld zwischen Moral und Ökonomie steht der Unternehmer immer vor der Herausforderung, ethisch vertretbare Entscheidungen zu treffen.***
- ***Eine eindeutige Berechnung des Nutzens durch ethisches Handeln ist hingegen schwierig.***

30 MINUTEN

Wie kann die Verantwortungsfähigkeit im Unternehmen gefördert werden?
Seite 31

Wie implementieren Sie ethische Leitlinien im Unternehmen?
Seite 40

Welche Aufgaben hat ein Ethikbeauftragter?
Seite 48

2. Was soll ich tun? Verankerung ethischen Denkens im Unternehmen

Sollen – wollen – können. Das ist die Achse für die folgenden Kapitel. Für Unternehmer oder Führungskräfte sind dies die zentralen Denkrichtungen, auf die Einfluss genommen werden kann. Entscheidend ist die Institutionalisierung der hier beschriebenen Ansätze und Strategien. Nur so kann dauerhaft der Wandel in Denken und Handeln sichergestellt werden.
Die strategische Gestaltung der Unternehmensethik wirkt nach außen und innen. Nach außen verbessert sie das Image des Unternehmens. Und nach innen fördert sie eine positive Unternehmenskultur.

2.1 Verantwortung übernehmen

Schon die Ausgangsfrage der Ethik „Was soll ich tun?" impliziert, dass es ganz allgemein um Handlungen geht, die jemand ausführen oder unterlassen soll. Wer aber trägt die Verantwortung für diese Handlungen? Verantwortung wird zum einen durch Personen übernommen, die für ihre Tat und deren Folgen einstehen, zumindest wenn ihre Tat auch einen Einfluss auf das Ergebnis hatte. Unternehmensethik postuliert, dass Verantwortung nicht nur durch einzelne Personen, sondern auch durch eine Organisation übernommen werden kann. Das erscheint schlüssig, da es in arbeitsteiligen Organisationen eher die Regel ist, dass kein Einzelner für eine Handlung zur Verantwortung gezogen werden kann. Entscheidungen sind dann „im System" entstanden, daher muss auch die ganze Organisation verantwortlich sein. Dies wird deutlich in Konzepten wie der Corporate Social Responsibility (CSR), das davon ausgeht, dass ein Unternehmen als Ganzes eine soziale Verantwortung trägt.

Verantwortung ist daher der zentrale Begriff der Unternehmensethik. Ethisch handelnde Unternehmen und ihre Mitarbeiter übernehmen Verantwortung für das, was sie tun, und die Resultate, die sie damit erzielen. Das gilt insbesondere für die Führungskräfte. Sie legen den Rahmen, die Struktur eines Unternehmens fest, in der sich die Mitarbeiter bewegen und ihre individuelle Verantwortung übernehmen können – sofern die Struktur es unterstützt. Dennoch sind Mitarbeiter keine Opfer, sondern verantwortlich handelnde Personen, die selbst entscheiden, ob sie eine Aufgabe ausführen oder nicht.

Verantwortung ist der zentrale Begriff der Unternehmensethik. Aufgabe der Organisation ist es, die Verantwortungsfähigkeit des Einzelnen und des Unternehmens zu steigern. 30

2.2 Ausgangsposition analysieren

Es wäre schön, wenn man ein für alle Mal die ethisch relevanten Themen für sein Unternehmen analysieren und dazu Positionen formulieren, alle Mitarbeiter trainieren und sich dann anderen Themen zuwenden könnte. Das scheint in mehrfacher Hinsicht zum Scheitern verurteilt:

- Die öffentliche Meinung und damit auch die Moral verändern sich.
- Neue Themen verlangen neue Antworten.
- Mitarbeiter verändern sich. Mitarbeiter steigen die Karriereleiter hinauf und beschäftigen sich plötzlich mit anderen Themen, die früher nicht ihre Aufmerksamkeit verlangten, oder neue Mitarbeiter kommen hinzu, die neu eingearbeitet werden müssen und dann auch neue Fragen stellen.
- Das Unternehmen entwickelt sich weiter, z. B. werden neue Investoren ins Boot geholt, die andere Ansprüche an Vertragspartner stellen.

Die Beschäftigung mit ethischen Themen ist daher ein Prozess, der jedes Unternehmen begleitet, solange es das Unternehmen gibt. Und ein Unternehmen gibt es so lange, wie mindestens eine Person (der Unternehmer) in Austauschbeziehungen mit mindestens einem anderen Menschen steht, also mindestens einen Stakeholder hat.

Kennen Sie Ihre Stakeholder?

Der Begriff des Stakeholders kam in den 1980er-Jahren auf und sollte ein Gegengewicht zum Begriff des Shareholders sein. Als Shareholder werden diejenigen bezeichnet, die am Kapital eines Unternehmens beteiligt sind, also Anteile oder Aktien besitzen. Das Interesse der Shareholder an den Aktivitäten eines Unternehmens ist geprägt vom Wunsch der Kapitalvermehrung, schließlich soll sich das Investment ja lohnen.

Stakeholder haben demgegenüber ein grundsätzlicheres Interesse an einem Unternehmen, da sie ganz allgemein von den Aktivitäten des Unternehmens betroffen sind. Vielleicht haben sie ein finanzielles Interesse, vielleicht auch nur ein emotionales, indem das Unternehmen ihre Lebenswelt, ihre Wünsche oder Ideale berührt. Oder sie sind an den Aktivitäten des Unternehmens einfach interessiert. Dadurch sind sie mit dem Unternehmen verbunden und haben Ansprüche (engl. stake) an das Unternehmen. Stakeholder können Anteile eines Unternehmens besitzen (z. B. Eigentümer, Banken, institutionelle und Privatinvestoren), von der wirtschaftlichen Entwicklung betroffen sein (z. B. Mitarbeiter, Lieferanten, Gläubiger, Gemeinde, Staat) oder

von den Aktivitäten des Unternehmens direkt oder indirekt betroffen sein (z. B. Kunden, Anwohner, Interessenten). Für die Diskussion ethischer Fragen ist ein weites Verständnis der Stakeholder nützlich, das neben Personen und Institutionen auch Bereiche der Umwelt des Unternehmens einbezieht.
Leider gibt es keinen fertigen Katalog, den man heranziehen könnte, um darin die relevanten Stakeholder einfach anzukreuzen. Jedes Projekt, jede neue Aktivität verlangt nach einem neuen Blick auf die Stakeholder. Nur wer sie kennt, hat die Möglichkeit, sich mit deren Anliegen frühzeitig auseinanderzusetzen und Positionen zu ethischen Fragen zu formulieren. Folgende Vorgehensweise hat sich zur Analyse der Stakeholder bewährt:

Schritt 1: Potenzielle Stakeholder erkennen

Die zentralen Stakeholder sind schnell identifiziert und konkretisiert: Kunden, Anteilseigner (Shareholder), Mitarbeiter, Lieferanten, Fremdkapitalgeber, Kommunen. Mit diesen wichtigen Gruppen arbeitet ein Unternehmen häufig zusammen und berücksichtigt ihre Ansprüche in der täglichen Arbeit. Kein Wunder, dass sie im Vordergrund stehen. Dabei können jedoch andere Stakeholder-Gruppen, die sich im Tagesgeschäft nicht so lautstark melden oder zum aktuellen Zeitpunkt keine Rolle spielen, leicht übersehen werden. Drei Methoden können die Wahrnehmung von Stakeholder-Gruppen unterstützen.

Methode 1

Brainstorming entlang der Wertschöpfungskette bzw. entlang einzelner Projektschritte

Im Brainstorming sollen Stakeholder identifiziert werden, die zunächst nicht so offensichtlich sind. Diese Methode ist dann schlagkräftig, wenn Menschen mit unterschiedlichen Sichtweisen zusammenkommen. Laden Sie Mitarbeiter anderer Abteilungen, anderer Teams, anderer Hierarchie-Ebenen dazu ein.

Leitende Fragen können sein:

- Wer beobachtet die Arbeit bzw. die Produkte des Unternehmens, hat ein Interesse daran?
- Wer ist an der Wertschöpfung des Unternehmens beteiligt?
- Wer nimmt die Interessen der Stakeholder wahr, wenn es diese selbst nicht tun (z. B. Verbände, Fondsmanager, Betriebsräte)?
- Mit wem steht das Unternehmen direkt oder indirekt in Verbindung (z. B. Vertriebspartner)?
- Wer sind unsere Konkurrenten, heute und morgen? Wie gehen wir mit ihnen um?
- Wie werden unsere Produkte genutzt? Welche Stakeholder ergeben sich daraus?
- Welche öffentlichen Anliegen sind relevant (z. B. Umweltschutz, soziale Gerechtigkeit, Vereinbarkeit von Beruf und Familie)?

Methode 2

Analyse gesellschaftlicher Themen

Welche sozialen oder gesellschaftlichen Themen werden gerade öffentlich diskutiert? Erstellen Sie eine Liste mit den Top-Themen der aktuellen Debatte. Von A wie Alterung der Gesellschaft bis Z wie Zunahme von Langzeitarbeitslosigkeit. Dann bewerten Sie, inwieweit das Unternehmen mit seinen Handlungen Verantwortung für diese Themen übernehmen kann. Entweder trägt es zur Lösung eines Problems bei oder es verhält sich neutral oder verschärft es. Zum Beispiel wird derzeit der zunehmende Straßenverkehr und Ressourcenverbrauch (Landschaft, Erdöl) intensiv diskutiert. In diesem Fall kann ein Unternehmen durch die Gestaltung der betrieblichen Mobilität Verantwortung übernehmen. Oft kann die Effizienz signifikant erhöht werden, wenn Mitarbeiter für Dienstreisen unter verschiedenen Verkehrsträgern wählen können, statt immer mit dem (eigenen) Auto zu fahren. Darüber hinaus kann oft der Fuhrpark signifikant reduziert werden.

Methode 3

Produktlebenszyklusanalyse

Betrachten Sie die Produkte Ihres Unternehmens von der Entwicklung über die Produktion und Nutzung bis hin zur Entsorgung. Welche ethisch relevanten Themen spielen auf jeder Stufe eine Rolle? Apple z. B. positioniert seine Computer als die umweltfreundlichsten der Branche durch Verzicht von Giftstoffen in der Produktion, energiesparenden Betrieb und schließlich gute Recyclingfähigkeit. Diese Kaufargumente können neue Kunden erschließen.

Schritt 2: Ziele und Erwartungen der Stakeholder analysieren und prognostizieren

Für jede Stakeholder-Gruppe werden Informationen über deren Anliegen gesammelt und es wird jeweils deren mögliche weitere Entwicklung prognostiziert. Dies kann durch gezielte Auswertung der Medien, Experteninterviews oder laufende Kundenbefragungen, die auch in Systemen des Customer Relationship Management (CRM) integriert sind, geschehen.

Leitende Fragen dazu können sein:

- Welche Anliegen hat jede Stakeholder-Gruppe? Welche Wünsche oder Befürchtungen haben die Gruppen?
- Welche Ziele werden verfolgt? Zeigen die Gruppen selbst Lösungsmöglichkeiten auf?
- In welche inhaltlichen Richtungen werden sich die Anliegen weiterentwickeln?
- Welches Gewicht haben die Themen der Gruppen im gesellschaftlichen Diskurs?

Schritt 3: Einflussstärke der Stakeholder abschätzen

Manche Stakeholder haben direkten Einfluss auf das Unternehmen, etwa Anteilseigner oder Mitarbeiter.

Andere Gruppen üben ihren Einfluss indirekt aus, etwa durch Meinungsäußerungen in Foren im Internet, was dann potenzielle Kunden beeinflusst. Es ist auch zu prüfen, ob verschiedene Stakeholder ähnliche Interessen haben und Koalitionen gebildet werden könnten, die ihre Einflussstärke erhöhten.

Schritt 4:
Wirkungsanalyse und Priorisierung

Jetzt wird beurteilt, welche Wirkungen die Stakeholder auf das Unternehmen haben und welche Wirkung das Unternehmen auf die Stakeholder hat. Letztlich geht es um die Frage, für was das Unternehmen Verantwortung übernehmen muss oder will. Dabei sollte der Blick auch auf zentrale Partner (z. B. Zulieferer) gelenkt werden, deren Verhalten auf das eigene Unternehmen zurückfallen könnte. Apple musste beispielsweise nach einer Serie von Selbstmorden bei seinem Zulieferer Foxconn wegen dessen Arbeitsbedingungen Kritik einstecken.

Schritt 5:
Positionen und Vorgehensweisen formulieren und umsetzen

Die für das Unternehmen geltende Haltung zu den zentralen Themen wird nun formuliert und es werden, wo erforderlich, konkrete Schritte zur Umsetzung vereinbart.

Schritt 6:
Wirkungen überwachen und Prozess weiterentwickeln

Vereinbarte Schritte müssen an messbaren Zielen festgemacht werden. Regelmäßige Reviews stellen sicher, dass Fortschritte auch spürbar erzielt werden. In regelmäßigen Abständen geht es dann wieder mit Schritt 1 von vorne los.

30 *Zur Bestimmung der Ausgangsposition werden zunächst die Stakeholder des Unternehmens analysiert. Deren Ansprüche zeigen die ethischen Handlungsfelder für ein Unternehmen auf.*

2.3 Ethische Leitlinien implementieren

Verantwortung wurde als zentraler Begriff der Unternehmensethik eingeführt. Doch für was soll Verantwortung übernommen werden? Es bedarf eines grundsätzlichen Orientierungsrahmens der Werte und Pflichten, damit sich nicht jeder seinen eigenen Rahmen sucht oder sich jemand gar „für alles“ verantwortlich fühlt. Vision und Leitbild sind dafür die zentralen Bausteine.

Die Vision: Wo wollen wir hin?

Die Vision ist der Ursprung unternehmerischer Tätigkeit. Eine Momentaufnahme der Zukunft, die aufzeigen

soll, in welche Richtung sich das Unternehmen entwickeln soll. Eine Vision soll ein Leuchtturm sein – nah genug, um die Realisierbarkeit sehen zu können, aber weit genug entfernt, um die Begeisterung der Organisation für eine neue Wirklichkeit zu wecken.
Eine Vision steht für Faszination, Impuls, Identifikation und die Zielrichtung der Motivation und der Aktivitäten der Mitarbeiter.

Leitbild: Wie wollen wir dort hinkommen?

In einem Unternehmensleitbild formuliert ein Unternehmen, wie es sich gegenüber Stakeholdern verhält. Es werden darin grundlegende Aussagen über moralische Werte und Verhaltensweisen getroffen. Es steht damit neben der Vision eines Unternehmens, die eher auf den langfristigen Geschäftszweck abzielt. Das Leitbild ist der Kompass, der den Unternehmer auf dem Weg zur Erfüllung der Vision begleitet. Das Leitbild sollte eher nach innen gerichtet sein, als Botschaft an die Mitarbeiter, zugleich aber auch der Öffentlichkeit dokumentieren, wofür das Unternehmen steht.
In vielen Leitbildern wird zu Anfang der Wille zur Verantwortungsübernahme des Unternehmens thematisiert. Damit werden das Unternehmen und deren Mitarbeiter in die Pflicht genommen:
„Nachhaltiger wirtschaftlicher Erfolg im Sinne von Sustainable Development ist Voraussetzung für unsere Aktivitäten. Wir schaffen Werte im Interesse unserer Kun-

den, Anteilseigner sowie unserer Mitarbeiter und übernehmen Verantwortung in der Gesellschaft." (BASF, Vision, Grundwerte, Leitlinien).

Neben allgemeinen Aussagen wird das Verhalten gegenüber den zentralen Stakeholder-Gruppen thematisiert. Damit werden Verhaltensstandards verbindlich festgelegt. Hier eine Auswahl typischer Aussagen aus Unternehmensleitbildern:

Kunden:
„Wir sehen unsere Kunden als Partner, deren Vertrauen wir uns verdienen wollen. (...) Wir kennen unsere Kunden, weil wir ihnen gerne aufmerksam zuhören." (Volksbank Reutlingen)
„Wie begeistern unsere Kunden aktiv durch freundliches und ehrliches Auftreten, kompetente Beratung und absolute Zuverlässigkeit." (Intersport)

Mitarbeiter:
„Wir ermutigen unsere Mitarbeiter, ihre Kreativität und ihr Potenzial für den gemeinsamen Erfolg einzubringen." (BASF)
„Im Mittelpunkt steht bei Leineweber gleichwertig der Mensch und das Produkt." (BRAX/Leineweber)

Investoren:
„Wir erwirtschaften eine hohe Rendite auf das eingesetzte Kapital." (BASF)

„Das herausragende strategische Leitbild des Konzerns ist die langfristige Wertschaffung bei profitablem Wachstum." (Lufthansa)

Lieferanten:
„Unsere Lieferanten müssen zu Canon passen und werden aufgrund unserer hohen Qualitäts- und Umweltstandards ausgewählt." (Canon)
„Unseren Lieferanten kommt in unserem Streben nach Qualität und Kostenoptimierung eine Schlüsselrolle zu. Jeder Lieferant hat die gleichen Chancen, das beste Preis-Leistungs-Verhältnis zu offerieren." (Walser)

Wettbewerber:
„Wir unterlassen Handlungen, die den fairen Wettbewerb behindern." (ASF)

Öffentlichkeit:
„Wir treten für nachhaltige Entwicklung ein." (BASF)
„Fraunhofer-Institute zielen auf eine wirtschaftlich erfolgreiche, sozial gerechte und umweltverträgliche Entwicklung der Gesellschaft." (Fraunhofer)

Gelesen, gelacht, gelocht

Viele Unternehmen haben für sich Leitbilder formuliert, die von Mitarbeitern ernst genommen und hervorgeholt werden auf die Frage: „Warum arbeitest du denn ausgerechnet bei diesem Unternehmen?" Diese Leitbilder sind im wahrsten Sinne des Wortes sinnvoll.

Auf der anderen Seite gibt es immer wieder Leitbilder, über die Mitarbeiter im besten Fall herzhaft lachen und sie dann in den Papierkorb befördern. Woran liegt das? Hier eine Auswahl typischer Fehler rund um das Unternehmensleitbild:

- Es gibt keinen Vordenker auf höchster Ebene. Ist dem Vorstand oder Geschäftsführer das Leitbild und dessen Umsetzung nicht wichtig, strahlt dies auf die Organisation aus.
- Es finden sich Selbstverständlichkeiten im Leitbild. „Wir achten die Gesetze" sollte nicht in einem Leitbild auftauchen, das ist selbstverständlich und lädt eher zum Schmunzeln und Nachfragen ein: Haben wir das etwa früher nicht gemacht? Ein Leitbild soll auf der ohnehin verbindlichen Rechtslage aufsetzen und Verhaltensnormen vorgeben, an die sich Mitarbeiter halten.
- Das Leitbild wird nicht gelebt. Im Alltag manifestieren sich Verhaltensweisen oder Vorgehensweisen, die das Leitbild ad absurdum führen, und das Management toleriert das. Das Leitbild ist verpflichtende Grundlage der Zusammenarbeit aller Beteiligten einer Organisation.
- Mitarbeiter wissen gar nicht (oder gar nicht mehr), dass es ein Leitbild gibt. Dinge, die in der Kommunikation nicht regelmäßig auftauchen, sind in einer Organisation vergessen. Das Leitbild muss präsent sein, z. B. durch Artefakte wie einer Tafel im Eingangsbereich, und insbesondere von Führungskräften regelmäßig ins Spiel gebracht werden.

- Das Leitbild lebt nicht, es ist auf dem Stand von 1982 geblieben. Ein Leitbild ist stetem Wandel unterzogen, da neue Inhalte in den Fokus rücken oder schlicht Formulierungen sich ändern. Eine regelmäßige Überprüfung, z. B. alle 2 Jahre, hat sich bewährt.

Fallstrick Internationalisierung

Die Zusammenarbeit mit Auslandsstandorten verdient Beachtung: Sollen Leitbilder international einheitlich formuliert oder soll auf regionale Besonderheiten Rücksicht genommen werden? Es gibt gute Argumente für eine international weitgehend einheitliche Formulierung des Leitbildes. Sowohl Kunden als auch Mitarbeiter agieren oft international, ein spürbar unterschiedliches Leitbild kann schnell zu Irritationen führen. Durch die Entsendung von Fachkräften in die Auslandsstandorte verbreiten sich nur lokal vorherrschende Grundsätze schnell – im Guten wie im Schlechten. Eine moderate Anpassung der Formulierungen an die Kulturräume und lokales Verständnis für die Historie des Standortes kann die Akzeptanz sicherstellen.

Leitbild konkretisieren

Ethische Leitlinien sind schnell formuliert. „Fairness ist uns wichtig ...“, sagt der Erste, „und Aufrichtigkeit“, ergänzt gleich der Nächste. Doch was heißt das? In grober Formulierung wird jeder einem Schlagwort schnell zustimmen, aber was es dann im konkreten Fall heißt,

wenn die Interpretationen feinkörniger werden, das ist oft unklar. Wichtig ist daher neben dem Schlagwort die Konkretisierung anhand von Richtlinien und Beispielen. Zu einem Leitbild gehört eine interne Arbeitshilfe, die dem Management Anregungen zur Umsetzung gibt und für alle Mitarbeiter das Leitbild mit Leben füllt.
Wie zum Beispiel bei der Ritz-Carlton Hotelgruppe: „We are Ladies and Gentlemen serving Ladies and Gentlemen", steht in deren Leitbild. Auch Mitarbeiter werden als „Ladies and Gentlemen" angesehen, also respektiert und in ihrer Funktion ernst genommen. Wie dies umgesetzt wird? Unter anderem verfügt jeder Mitarbeiter über ein Budget von 2.000 US-Dollar, um ein Problem eines Kunden sofort lösen zu können.

30 *Ethische Leitlinien geben den Rahmen für das Verhalten aller Mitarbeiter und Führungskräfte im Unternehmen vor. Wichtig für deren Akzeptanz sind die Konkretisierung im Alltag und die Unterstützung durch die Unternehmensleitung.*

2.4 Erfolge sicherstellen

Wie jede andere Investition in einem Unternehmen muss auch die Investition in Unternehmensethik messbare Ergebnisse liefern. Die Überwachung des Fortschritts hat drei zentrale Ziele:

1) Die Festlegung messbarer Kriterien schärft den Fokus aller Beteiligten, was tatsächlich wichtig ist.
2) Durch das Monitoring werden Fortschritt und Wirkung der Bemühungen transparent.
3) Die eingeleiteten Maßnahmen können auf Grundlage der Ergebnisse gesteuert und weiterentwickelt werden.

Eine wirkungsvolle Methode zur Gestaltung des Monitorings ist das Denken vom Zielzustand her. Beschreiben Sie möglichst genau, wie der angestrebte Zielzustand in Ihrem Unternehmen sein soll: Was hat sich verändert? Wie fühlt sich das an? Der Zielzustand ist der Maßstab für das Monitoring, das aus verschiedenen Bausteinen bestehen kann und da, wo es möglich ist, in bestehende Systeme integriert wird: Befragung von Stakeholdern (insbesondere Mitarbeiter und Kunden), Abschlussinterviews mit ausscheidenden Mitarbeitern, anonyme Berichtssysteme etc.

Ethikbeauftragter – pro und contra

Beauftragungen auszusprechen ist immer eine prima Sache. Damit ist das Thema delegiert und ich habe es vom Tisch. Nächstes Thema. Wichtig ist dabei, zu unterscheiden: Die ethische Ausrichtung eines Unternehmens ist Chefsache und nicht delegierbar. Die dazu erforderlichen Projekte und Maßnahmen sind es schon. Diese Unterscheidung muss auch einem Ethikbeauftragten klar und mit ihm abgestimmt sein.

Zentrale Aufgaben eines Ethikbeauftragten:

- Erfassung und Bewertung von Risiken, die durch ethische Leitlinien abgefedert werden
- Entwicklung und Fortschreibung eines Verhaltenskodexes für Mitarbeiter
- Abstimmung aller Dokumente mit den Führungskräften
- Koordination der Schulungen für alle Mitarbeiter
- Monitoring aller Maßnahmen
- Beobachtung sich verändernder Rahmenbedingungen und Abschätzung der Auswirkungen auf die ethischen Leitlinien

Für eine strategische Gestaltung der Unternehmensethik kommt es darauf an, 30

- ***eine positive Unternehmenskultur aufzubauen,***
- ***ethische Leitlinien als zentrale Bausteine zu implementieren,***
- ***messbare Kriterien festzulegen und durch Monitoring transparent zu machen,***
- ***konkrete Maßnahmen einzuleiten, beispielsweise durch Einsetzen eines Ethikbeauftragten.***

30 MINUTEN

Wie berücksichtigen Sie die verschiedenen Arbeitspräferenzen Ihrer Mitarbeiter?

Seite 58

Welche Maßnahmen sollten in Personalentwicklung und Controlling ergriffen werden?

Seite 60

Nach welchen Kriterien können Beurteilungs- und Anreizsysteme gestaltet werden?

Seite 70

3. Was will ich tun? Mitarbeiter finden und führen

Gerade bei ethischen Fragestellungen erscheint das „Wollen“ als der Dreh- und Angelpunkt. Wenn Mitarbeiter eingestellt werden, die bereit sind, für das Leitbild des Unternehmens einzustehen und eine innere Motivation mitbringen, ist die Durchsetzung einfach. Die nachträgliche Motivation zu Dingen, die jemand nicht machen will, ist höchstens in geringem Umfang Erfolg versprechend.

Unterstützend kann eine Vorbildfunktion wirken. Besetzen Sie Schlüsselpositionen (Vorstände, Aufsichtsräte, Beiräte) mit Personen, die für ethische Grundhaltungen einstehen – und dies im besten Falle auch in krisenhaften Situationen schon unter Beweis gestellt haben.

3.1 Mitarbeiter und Mitarbeiter

Die ethischen Leitlinien eines Unternehmens haben zunächst nichts mit den individuellen ethischen Einstellungen des einzelnen Mitarbeiters zu tun. Sie sind das Leitbild für das Handeln aller Mitarbeiter. Sie werden häufig vom Gründer oder vom Management festgelegt. Damit erfüllen sie vielfältige Funktionen, sind Absichtserklärung und Handlungsrahmen mit Gültigkeit für alle. Das Einstehen für diese Leitlinien wird eingefordert und kann, zusammen mit der persönlichen fachlichen und wirtschaftlichen Leistung, über Karriereschritte entscheiden. Werden die ethischen Leitlinien nicht angemessen im Alltag gelebt, empfiehlt man sich nicht für den nächsthöheren Posten.

Individuelles Handeln

Ethische Leitlinien sind daher als Grundsätze formuliert. Sie lassen bewusst Spielräume. Wir haben alle ganz unterschiedliche Herangehensweisen an Aufgaben. Wir teilen verschiedene Werte oder gewichten diese anders bzw. geben ihnen unterschiedliche Bedeutung. Das hat Auswirkungen auf das Verständnis jedes Einzelnen, was nun ethisch vertretbar ist und was nicht. Daraus folgt, dass „gutes Verhalten" nicht unbedingt von selbst kommt, weil eben jeder tendenziell etwas anderes darunter versteht und es gerade in ethischen Fragen der Führung bedarf.
Bei der Implementierung ethischer Leitlinien ist es wichtig, diese Unterschiede zu verstehen und einordnen zu können. Im besten Fall hat sich die Unternehmensleitung vor der Formulierung des Leitbildes ein differenziertes Bild von den Eigenheiten der Mitarbei-

ter und dem, was sich dann als „Unternehmenskultur" manifestiert, gemacht. Neben den Vorgaben des Gründers oder der zentralen Führungskräfte ist dies ein wichtiger Baustein zur Formulierung des Leitbildes.

Kulturdimensionen

Betrachten wir zunächst das in unterschiedlichen Gesellschaften allgemein akzeptierte Verhalten. Damit werden Dimensionen angesprochen, die man auf übergeordneter Ebene als Elemente der „Kultur" beschreiben kann. Auf dieser Ebene wird festgelegt, was in einer Kultur, in einem Land als Rahmen für ethisch vertretbares Verhalten gilt. Hofstede (2001) beschreibt beispielsweise fünf Kulturdimensionen: Machtdistanz (Akzeptanz ungleicher Verteilung von Macht), Individualismus und Kollektivismus, Maskulinität vs. Feminität, Unsicherheitsvermeidung (Grad der Abneigung gegenüber unvorhergesehenen Situationen), lang- oder kurzfristige Ausrichtung.

Dass diese Bewertungen ganz erheblich auseinandergehen können, zeigen viele Beispiele aus der Tagespresse. In Saudi-Arabien (einer wohl eher maskulinen Kultur) gilt die Einschränkung der Rechte von Frauen als ethisch vertretbar oder sogar geboten, auch um Männer und deren Lusttriebe zu schützen. So ist es in diesem Land Frauen verboten, Auto zu fahren, da dies als erotisch stimulierend angesehen wird und Männer unangemessen provozieren könnte. In anderen Ländern kann es doch eher befremdlich sein, Frauen gegenüber solche Verbote auszusprechen. Vielfach läuft das dann deutlich subtiler, als Vorurteil („Typisch Frau am Steuer"), was sich aber einer ethischen Diskussion weitgehend entzieht.

Tipp: Befragen Sie gezielt Mitarbeiterinnen und Mitarbeiter aus anderen Kulturkreisen, wie sie Entscheidungsalternativen bewerten.

Arbeitsbezogene Ebenen

Wenn wir uns jetzt einzelne Teams und Mitarbeiter anschauen, werden Fragen des ethischen Handelns diffiziler. Jetzt gewinnt die Art und Weise, wie wir individuell unsere Arbeit angehen, an Bedeutung. Diese Verhaltensweisen beeinflussen, was wir für ethisch vertretbar halten und was eher nicht. Befassen wir uns also kurz mit den zentralen Verhaltensdimensionen, die Menschen bei der Arbeit unterscheiden.
Dr. Charles Margerison und Dr. Dick McCann haben diese Verhaltensdimensionen in dem von ihnen entwickelten Team Management System beschrieben. Seit den 1980er-Jahren beschäftigen sich die beiden Managementforscher mit der Frage, was Einzelne und Teams erfolgreich macht. Sie haben zentrale Verhaltensdimensionen untersucht und mit psychometrischen Verfahren messbar gemacht.

Werte – die Basis unseres (Arbeits-)Verhaltens

Grundlegend für unser Verhalten sind die Werte, die uns bei der Arbeit wichtig sind. Wenn es um wirkliche

Gewissensentscheidungen geht, dann treten unsere Werte in den Mittelpunkt. Ethisch bedeutsame Fragen werden wir daher stets anhand unserer individuellen Werte für uns klären.

Abb. 1: Modell der Werte bei der Arbeit von McCann

McCann hat dazu ein Modell entwickelt: das „Window on Work Values"-Modell (Modell der Werte bei der Arbeit). Darin werden zwei zentrale Achsen unterschieden.

Selbstfokus – Gruppenfokus

Manche Menschen haben einen klaren Selbstfokus. Ihnen ist wichtig, als Person sichtbar zu sein. Daher ist Individualität auch ein zentraler Wert in diesem Bereich. Wird ein Team nach einem abgeschlossenen Projekt beurteilt, wird ihm wichtig sein, dass seine

Leistungen individuell anerkannt werden, z. B. durch einen Bonus, der je nach dem Beitrag des Einzelnen unterschiedlich hoch ausfallen sollte. Das wäre jemandem mit klarem Gruppenfokus extrem unangenehm, geradezu ethisch verwerflich: „Warum soll ich einen anderen Bonus bekommen als meine Kollegin? Wir haben doch das Projekt gemeinsam zum Erfolg geführt!", könnte er für sich denken. Entsprechend unterschiedlich wird der ethische Diskurs ablaufen. Teams mit klarem Gruppenfokus werden eine Konsensentscheidung anstreben, bei der keiner das Gesicht verliert. Hat das Team Mitglieder mit starkem Selbstfokus, können ethische Fragen auch zur Profilierung des Einzelnen genutzt werden.

Organisatorische Beschränkungen – organisatorische Freiheit

Manche Menschen fordern klare organisatorische Beschränkungen ein. Diese Rahmensetzung gibt ihnen selbst die Sicherheit, um Höchstleistungen zu erzielen. Für diese Menschen ist völlig klar, dass die Entscheidungen der Vorgesetzten auch genauso umgesetzt werden müssen. Gehorsam ist hier der zentrale Wert. Auf der anderen Seite gibt es Menschen, für die das überhaupt nicht so klar ist. Sie gehen vielmehr davon aus, dass ein Unternehmen ihnen eine „grüne Wiese" zur Verfügung stellt, die sie dann mit ihrem Engagement ausfüllen können. Sie möchten selber Entscheidungen für ihre Arbeit treffen. Aus einem eng gesetzten Rahmen brechen sie aus, vielleicht streben sie sogar die berufliche Selbstständigkeit an, um keinen Vorgesetzten mehr zu haben.

Der Wahrnehmungsfilter: Sehen Sie eher Chancen oder Risiken?

Manche Menschen sind sehr risikobewusst. Sie haben eine feine Antenne für alles, was bei neuen Herausforderungen möglicherweise schieflaufen könnte. Entsprechend nehmen sie bei Projekten auch eher Informationen wahr, die auf mögliche Risiken hinweisen können. Zu Beginn neuer Projekte möchten sie gerne viel Zeit darauf verwenden, diese Risiken auszuschließen. Ist dies nicht erfolgt, können sie das neue Projekt als unkalkulierbares Wagnis ansehen. Entsprechend werden diese Menschen bei der ethischen Bewertung eines Projekts zurückhaltend auftreten. Andere Menschen sind eher chancenorientiert. Sie sehen

Abb. 2: Das QO2-Modell von Dick McCann

eher die Möglichkeiten, die sich aus neuen Projekten ergeben können. Sie werden darauf dringen, Chancen zu ergreifen, und haben ein großes Vorstellungsvermögen, was in einigen Jahren aus einer neuen Idee werden könnte. Diese Orientierung kann mit dem Profil der Chancen-Risiko-Orientierung (Opportunity Orientation Profile) gemessen werden, die Determinanten werden im QO2-Modell dargestellt.

Wie Menschen bevorzugt arbeiten: die Arbeitspräferenzen

Wir unterscheiden uns auch darin, welche Aufgaben uns grundsätzlich liegen. Margerison/McCann stellten mit ihrem bekanntesten Modell, dem Team Management Rad, fest, dass erfolgreiche Teams acht Arbeitsfunktionen wahrnehmen: beraten, innovieren, promoten, entwickeln, organisieren, umsetzen, überwachen, stabilisieren. Allerdings erledigen Menschen in der Regel nur zwei oder drei dieser Arbeitsfunktionen gerne. Und die meisten Menschen erledigen Aufgaben aus einigen Arbeitsfunktionen überhaupt nicht gerne. Das sind dann Aufgaben, die häufig liegen bleiben und sehr viel Energie kosten, wenn man dann doch einmal mit der Erledigung beginnt: Dem Marketing-Mann, der es liebt, im Rampenlicht zu stehen und neue Produkte zu präsentieren, fällt es oft schwer, dauerhaft Aufgaben zu erledigen, die ein hohes Maß an Detailgenauigkeit und Standardisierung verlangen, wie z. B. seine Steuererklärung.

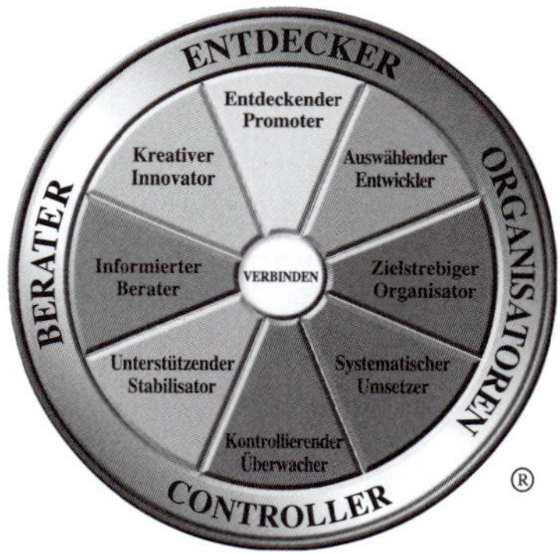

Abb. 3: Das Team Management Rad von Margerison-McCann

Diese Arbeitspräferenzen beeinflussen, wie wir Aufgaben grundsätzlich angehen. „Kreative Innovatoren" werden sich mit Vorliebe auf neue Projekte stürzen, auch wenn die bestehenden noch gar nicht komplett abgeschlossen sind. „Zielstrebige Organisatoren" möchten Projekte vorantreiben, haben aber oft weniger die Ruhe, neue Informationen zu sammeln und auf sich wirken zu lassen. „Unterstützenden Stabilisatoren" kann es hingegen sehr wichtig sein, sich mit ethischen Fragen auseinanderzusetzen. Menschen mit dieser Arbeitspräferenz haben häufig eine feine Nase für drohende Konflikte und Stimmungen im Team. Ihnen kann der stabilisierende Effekt eines ethischen Leitbildes besonders wichtig sein. Alle diese Verhaltensweisen können auf Basis wissenschaftlich fundierter Fragebö-

gen individuell gemessen werden. Das kann nicht nur eine gute Ausgangsbasis für Personal- und Teamentwicklung sein, sondern auch im Rahmen des ethischen Diskurses wichtige Impulse geben.
Und vor allem kann die Analyse uns vor einem bewahren: Wir neigen dazu, Sichtweisen einzufordern, die der eigenen entsprechen. Aber gerade bei der Beurteilung ethischer Konflikte ist die Einbeziehung unterschiedlicher Perspektiven der zentrale Erfolgsfaktor.

30 *Das im Arbeitskontext bevorzugte Verhalten von Menschen lässt sich auf unterschiedlichen Ebenen beschreiben. Die Berücksichtigung dieser Verhaltensweisen kann wichtige Impulse für die Institutionalisierung des „Wollens" geben.*

3.2 Führung und Verantwortung

Wenn ethische Themen in Unternehmen diskutiert werden, steht das Thema „Führung" unter besonderer Beobachtung: Wie wird das Unternehmen als Ganzes geführt? Und wie gehen die Führungskräfte mit ihren Mitarbeitern um?

Die richtigen Dinge tun

Die Unternehmensführung trifft Entscheidungen, die das Wohl und Wehe des ganzen Unternehmens beeinflussen. Hier werden die Ziele und der Rahmen für die

ganze Organisation gesetzt. Entsprechend ist in allen Entscheidungsbereichen zu prüfen, ob Interessen der Stakeholder berührt werden.
Werden ethische Themen in die Zielsetzung, die Mission eines Unternehmens, aufgenommen, ist dies eine Botschaft nach innen und außen. Mitarbeitern wird der Sinn hinter ihren Tätigkeiten aufgezeigt, die Attraktivität des Unternehmens steigt für potenzielle Mitarbeiter (denen diese ethischen Themen wichtig sind) und Kunden spüren, dass sie mehr kaufen als das Produkt. Vorausgesetzt, die ethischen Themen werden mit Fakten unterlegt.
Die Strategie eines Unternehmens baut daher auch auf der Stakeholder-Analyse auf und berücksichtigt deren Anliegen. Im Planungsprozess finden sich die aus der Stakeholder-Analyse gewonnenen Themen wieder und werden konkretisiert.
Nach Edgar H. Schein (2003) bildet sich Kultur auf verschiedenen Ebenen ab: in Artefakten, öffentlich propagierten Werten und in unausgesprochenen Überzeugungen. Es sollte sicht- und spürbar sein, dass eine Kultur herrscht, die verantwortungsvolles Handeln auf allen Ebenen unterstützt. Neben dem, was kommuniziert wird, sind es gerade die Artefakte, die von Mitarbeitern schnell wahrgenommen werden: Da gibt es in der Produktion einen billigen Kaffee-Automaten und Pappbecher, während es in der Verwaltung richtige Becher und Latte macchiato gibt. Besser kann man unterschiedliche Wertschätzung für einzelne Aufgaben nicht transportieren.

Es ist eine Balance zu finden zwischen den Anforderungen der Stakeholder und insbesondere den Bedürfnissen der Mitarbeiter. Die Organisation muss die Übernahme von Verantwortung in jedem Aufgabenbereich fördern und den Blick für das Ganze schärfen (z. B. durch Job-Rotation oder interne Praktika in anderen Bereichen, etwa so wie bei Toyota: Hier muss jeder Mitarbeiter zu Beginn 6 Monate in der Produktion arbeiten).
Das Personal spielt eine zentrale Rolle, wenn es um die Verankerung ethischer Grundsätze im Unternehmen geht. Im Recruiting wird der Grundstein gelegt, ob Mitarbeiter sich auf Grundsätze einlassen können oder nicht. Beispielsweise spürt man in einem Hotel sofort, ob Kundenorientierung und Freundlichkeit Einstellungskriterien sind oder nicht. In den Programmen der Personalentwicklung sollten die ethischen Grundsätze eines Unternehmens deutlich sichtbar sein, nicht nur in einzelnen Angeboten, sondern als roter Faden. Und eine angemessene, maßvolle Entlohnung insbesondere der Manager dokumentiert, dass die Leistung aller Mitarbeiter als wichtig für das Unternehmen angesehen wird.
Dem Controlling kommt die Gestaltung der Planungs- und Steuerungsinstrumente zu sowie die regelmäßige Bereitstellung von Informationen, um die Erfüllung ethischer Grundsätze beurteilen zu können.

Die Dinge richtig tun

Unternehmen sind keine demokratischen Veranstaltungen, das wird insbesondere bei den Fragen der Personalführung deutlich. Führungskräfte werden in der Regel nicht durch ihre Mitarbeiter gewählt, sondern sie sind durch die Entscheidungen von anderen Vorgesetzten oder Kapitalgebern dazu legitimiert. Doch die Mitarbeiter räumen mit ihrem Arbeitsvertrag der Führungskraft bestimmte Rechte ein. Das machen Mitarbeiter aus freiem Willen, zumindest fast. Man unterliegt dem Zwang zum Geldverdienen, möchte auch über seine berufliche Position Anerkennung und Status demonstrieren (natürlich kommen noch weitere Motive hinzu, die Verkürzung ist dem knappen Umfang dieses Buches geschuldet). Freiwilligkeit hin oder her, es bleibt ein Machtungleichgewicht zwischen Führungskraft und Mitarbeiter, schließlich soll Erstere ja auch Entscheidungen und Veränderungen durchsetzen können. Diese Macht verlangt verantwortungsvolle Führungskräfte. In einer Umfrage unter Mitarbeitern verschiedener Unternehmen gaben knapp 30 Prozent der Befragten an, auf Druck von Vorgesetzten schon einmal etwas gemacht zu haben, von dem sie überzeugt waren, dass es ethisch nicht richtig war.

Als Führungskraft ist man immer Vorbild, egal ob ein gutes oder schlechtes. Das Verhalten des Vorgesetzten ist häufig ein Orientierungspunkt für seine Mitarbeiter. Und es ist Ausdruck der Unternehmenskultur. Am Verhalten der Führungskräfte wird spürbar, wie „das Unternehmen so ist", die ethische Grundhaltung eines Unternehmens wird von seiner Führung vorgelebt. Führungskräfte müssen also eine verantwortungsvolle

Beziehung zu ihren Mitarbeitern aufbauen und ihrer Rolle als Botschafter des Unternehmens gerecht werden. Als Orientierung können Führungsgrundsätze dienen, denen alle Führungskräfte verpflichtet werden. Sie sind die Grundlage für einen guten Führungsstil. Die Kernelemente finden sich in den „Linking Skills" (verbindende Fähigkeiten) der bereits erwähnten Autoren Margerison-McCann. Die Autoren haben 13 Tätigkeiten bzw. Fähigkeiten identifiziert, die zentral wichtig sind, um sich mit anderen Menschen oder anderen Teams zu verbinden.

Diese Linking Skills haben sie in einem Modell mit drei Ebenen zusammengefasst, deren einzelne Elemente wie in einem Puzzle ineinandergreifen (siehe Abbildung der Linking Skills von Margerison-McCann auf S. 65). Der äußere Kreis zeigt, auf welche sechs Fähigkeiten geachtet werden muss, um Menschen miteinander zu verbinden (Linking People). Der mittlere Kreis enthält fünf Elemente. Dies sind Tätigkeiten, die für eine effektive und effiziente Erledigung der Aufgaben erforderlich sind (Linking Tasks). Der innere Kreis beschreibt schließlich die zentralen Führungsfähigkeiten des Leadership Linking.

Abb. 4: Das Modell der Linking Skills von Margerison-McCann

Aktives Zuhören

Den eigenen inneren Monolog beenden und „ganz Ohr" gegenüber seinem Mitarbeiter sein. Das heißt auch, einen Dialog zwischen mündigen Personen zu initiieren und nicht Befehl und Gehorsam zu pflegen.

Kommunikation

Teammitglieder sind regelmäßig und angemessen zu informieren. Unternehmensentscheidungen werden zuerst mit Betroffenen besprochen, dann intern kommuniziert, bevor die Informationen an externe Stellen und die Presse gehen.

Zwischenmenschliche Beziehungen

Der Mensch sollte auch als Mensch wahrgenommen werden. Mit humanen Arbeitsbedingungen und gegenseitiger Achtung statt persönlichen Beleidigungen oder Herabsetzungen. Die Privatsphäre ist zu schützen.

Problemlösung und Beratung

Die Führungskraft ist auch Berater des Mitarbeiters bei schwierigen Herausforderungen. Sie sollte zur Verfügung stehen, wenn es gilt, Probleme zu lösen, die den Mitarbeiter überfordern.

Gemeinsame Entscheidungsfindung

Oft steigt die Entscheidungsqualität, wenn unterschiedliche Meinungen eingeflossen sind. Die Entscheidungseffektivität wiederum hängt unmittelbar mit der Akzeptanz der Mitarbeiter zusammen.

Schnittstellen-Management

Hier sollte sichergestellt werden, dass Mitarbeiter wissen, woran ihre Kollegen arbeiten (interne Schnittstellen) und was mit ihrem Arbeitsergebnis passiert (externe Schnittstellen). Gute Führungskräfte repräsentieren ihre Mitarbeiter nach außen und stehen für sie ein.

Die fünf Elemente des mittleren Kreises verlangen verstärkt die Aufmerksamkeit insbesondere der Führungskraft. Damit wird die Ergebnisqualität sichergestellt:

Arbeitsverteilung

Führungskräfte achten auf eine gute Verteilung der Aufgaben im Team mit einer für den einzelnen Mitarbeiter angemessenen Balance aus Machbarkeit und Herausforderung. Individuelle Arbeitspräferenzen werden dabei berücksichtigt, dadurch spüren die Mitarbeiter Wertschätzung für ihre Stärken.

Teamentwicklung

Teams müssen kontinuierlich an sich arbeiten, um ihre Leistungsfähigkeit zu erhalten. Das bedeutet, regelmäßig auf einer Meta-Ebene zu diskutieren, wie man zusammenarbeitet, welche (unausgesprochenen) Konflikte im Raum stehen, und – natürlich – sich auch für die Dinge zu loben, die gerade als gut und richtig wahrgenommen werden. Führungskräfte stoßen diese Entwicklungsprozesse an. Immer wieder und insbesondere wenn neue Teammitglieder hinzukommen.

Delegation

Aufgaben an andere zu delegieren setzt Vertrauen voraus. Vertrauen in die Fähigkeiten des Mitarbeiters und Vertrauen in die Verlässlichkeit, dass die Aufgabe so erledigt wird, wie man es als Delegierender erwartet. Ebenso hoch ist der Anspruch des Mitarbeiters, der die Aufgabe erhält. Er wird erwarten, dass er genau und vollständig befähigt wird, die Aufgabe auch erfüllen zu können. Bei kurzfristigen Änderungen wird er darauf vertrauen, dass die Führungskraft ihm diese Änderungen zeitnah mitteilt und erklärt.

Zielsetzung

Ziele sollten stets SMART, PURE und CLEAR formuliert sein: SMART (Specific/konkret, Measurable/messbar, Attainable/erreichbar, Realistic/realistisch, Timephased/zeitlich gegliedert), PURE (Positively stated/ positiv formuliert, Understood/verstanden, Relevant/relevant, Ethical/moralisch) und CLEAR (Challenging/herausfordernd, Legal/legal, Environmentally safe/umweltverträglich, Agreed/akzeptiert, Recorded/protokolliert).

Qualitätsstandards

Zertifizierungen sind die eine Seite der Qualitätsstandards. Doch wo erlebt der interne oder externe Kunde die Qualität unserer Arbeit auch jenseits einer Zertifizierung, wo kann man sie messen, wo kann man sie spüren? Was heißt für uns gute Qualität – und was ist keine gute Qualität?

In der Mitte des Modells finden sich die zentralen Führungsfähigkeiten:

Motivation
Selbst motiviert zu sein und die Moral der Mitarbeiter zu stärken, auch wenn der Wind einmal von vorne kommt, gehört zu den wichtigsten Führungsfähigkeiten. Dass man Mitarbeiter kaum dauerhaft extrinsisch motivieren kann, ist inzwischen allgemein anerkannt. Umso wichtiger ist es, Mitarbeiter danach zu fragen, was sie demotiviert – und diese Dinge aus dem Weg zu räumen.

Strategie
Führungskräfte geben die Strategie vor, sie setzen den Rahmen und beschreiben den Weg zur Zielerreichung. Sie können Mitarbeitern erklären, welchen Beitrag jeder leistet, um das Ziel zu erreichen.

Die Formulierung von Führungsgrundsätzen (hier gilt das Gleiche wie bei der Formulierung von Leitbildern) ergibt nur Sinn, wenn deren Einhaltung eingefordert wird und deren Missachtung Konsequenzen hat. Häufig werden Grundsätze aufgestellt und mit hohem Engagement (und finanziellem Aufwand) eingeführt. Doch im Alltag finden sie dann nur geringe Beachtung. Schnell wird aus Begeisterung Verbitterung, wenn nach hohen Erwartungen keine Ergebnisse spürbar werden. Die eigentliche Arbeit beginnt immer erst, nachdem Grundsätze formuliert wurden. Dann wird die Ernsthaftigkeit der Führungsgrundsätze durch Mitarbeiter auf die Probe gestellt. Wer geeignete Controlling-Maßnahmen eingeführt hat (diese können Vorgesetztenbeurteilungen, 360-Grad-Feedbacks o. Ä. sein), kann Erfolge belegen und steuernd eingreifen. Wer diesen Aufwand scheut, wofür es gute Gründe geben kann, sollte von einer Einführung von Führungsgrundsätzen absehen. Eine Frustration von Mitarbeitern durch die Nichterfüllung von Erwartungen wird so vermieden.

30 *Die Unternehmensführung hat sicherzustellen, dass die richtigen Dinge getan werden – und die Dinge richtig getan werden. Das gilt insbesondere bei ethischen Fragestellungen.*

3.3 Beurteilungs- und Anreizsysteme

Es gibt nur wenige Dinge, die so emotional in einem Unternehmen von allen Mitarbeitern diskutiert oder demonstrativ totgeschwiegen werden wie die Gestaltung von Beurteilungs- und Anreizsystemen. Auch in dieser Gestaltung manifestiert sich die ethische Haltung eines Unternehmens. Bereits bei der Diskussion der Unterschiedlichkeit von Mitarbeitern in Kapitel 3.1 wurde gezeigt, dass völlig unterschiedliche Gestaltungen als „gerecht“ oder verwerflich angesehen werden können. Hinzu kommt, dass die Gestaltungsprinzipien auch zum Teil widersprüchlich sein können. Das alles macht die Gestaltung nicht leichter. Umso wichtiger ist es, die Kultur eines Unternehmens vor der Gestaltung von Beurteilungs- und Anreizsystemen zu erfassen und zu formulieren. Kößler (2001) unterscheidet acht Prinzipien der Lohngerechtigkeit, die in unterschiedlicher Gewichtung in die Gestaltung der Löhne einbezogen werden:

Anforderungsgerechtigkeit: Je höher die Anforderungen an eine Position sind, umso höher steigt der Lohn. Demnach ist es gerecht, mehr Lohn zu erhalten, wenn die körperliche oder geistige Belastung steigt oder die Verantwortung größer ist.
Leistungsgerechtigkeit: Der Lohn richtet sich nach der individuellen Leistung des Mitarbeiters bzw. der Leistung des Teams, zu dem er gehört.
Marktgerechtigkeit: Die Nachfrage regelt den Lohn, entsprechend hat der Mitarbeiter einer schwankenden Vergütung zugestimmt. Wird mehr von der Leistung nachgefragt, wird auch mehr Lohn bezahlt.
Bedarfsgerechtigkeit: Wer mehr Geld braucht (z. B. weil er oder sie eine Familie ernähren muss), bekommt auch mehr.
Sozialgerechtigkeit: Gerecht ist, wenn viele Menschen Lohn erhalten, also auch niedrigere Löhne bezahlt werden, wenn dafür mehr Menschen einen Arbeitsplatz bekommen.

Erfolgsgerechtigkeit: Wenn das Unternehmen erfolgreich ist, werden höhere Löhne bezahlt.
Verteilungsgerechtigkeit: Welchen Anteil am Unternehmensgewinn erhalten die Arbeitnehmer und welchen die Kapitalgeber?
Qualifikationsgerechtigkeit: Der Lohn spiegelt die Qualifikation eines Mitarbeiters wider, auch wenn diese zurzeit nicht genutzt wird.

30 *Beurteilungs- und Anreizsysteme stehen unter besonderer Beobachtung. Was als gerecht oder ungerecht angesehen wird, kann nach verschiedenen Prinzipien beurteilt werden.*

3.4 Individuum und System

„Nutzen Sie die ersten 100 Tage, wenn Sie bei uns etwas verändern wollen, danach werden Ihnen immer weniger Dinge auffallen, denn sie sind für Sie normal geworden", sagt der Aufsichtsrat zu seinem neuen Geschäftsführer. Mit der Zeit passt man sich seiner Umwelt an, übernimmt ihre Regeln, und der geistige Bewegungsraum („Was will ich tun?" ist ja die Überschrift dieses Kapitels) ist neu definiert.
Jeder Mensch verfügt über ein gewisses Maß an Anpassungsfähigkeit (polykontexturale Kompetenz). Unsere Grundstruktur bleibt immer gleich, sie bildet unsere Kernidentität. Aber wir können uns anpassen und ha-

ben dazu einige Variationsmöglichkeiten. Die sind bei jedem Menschen unterschiedlich ausgeprägt. Jeder wird an einem anderen Punkt zu sich sagen: „Das bin jetzt nicht mehr ich!“ Dieser Veränderungsprozess wird durch Interaktion und Kommunikation geprägt. Wir senden ständig Signale aus, mit dem, was wir tun, was wir sagen, wie wir uns verhalten. Und wir erhalten von den Individuen, mit denen wir interagieren, Antworten darauf. Durch diese Kommunikation wird unsere Identität geprägt. Wie gesagt, diese Identität kann durchaus in verschiedenen Kontexten von Außenstehenden ganz anders wahrgenommen werden: Da kann eine Handlung im beruflichen Umfeld für jemanden, der die Person nur aus dem Privaten kennt, völlig unverständlich sein.

In der Finanzkrise Ende 2008 waren die drei großen Automobilkonzerne der USA, General Motors, Chrysler und Ford, auf die Hilfe des Staates angewiesen, um zu überleben. In einer Anhörung im Weißen Haus wollten die CEOs um neue Gelder bitten und flogen von Detroit nach Washington – jeder einzeln in seinem Privatflugzeug (Hinweis: es gibt täglich 24 Nonstop-Flüge auf der gleichen Strecke). Im Kontext der Vorstände wurde diese Handlung als moralisch völlig vertretbar angesehen. Als Vorstand nutzt man eben das Privatflugzeug wie andere den Dienstwagen. Durchaus vorstellbar, dass die drei Vorstände, solange sie noch im unteren Management waren, über die Nutzung einzelner Flugzeuge zu so einem Termin ebenfalls den Kopf geschüttelt hätten. Doch im neuen Kontext haben sie sich dem üblichen Verhalten angepasst.

Halten wir fest: Die äußere Moral (Ordnungsrahmen) bestimmt die innere Moral (Ethos). Ethische Entscheidungen sind immer in einen sozialen Rahmen eingebettet. Bis zu einem gewissen Grad kann die auf Unternehmensebene geregelte Ethik individuelle Ethik ersetzen. Je mehr das Handeln durch Vorschriften und Verfahren geregelt ist, desto weniger muss sich der Einzelne über sein moralisches Verhalten Gedanken machen. Die Delegation oder gar Substitution individueller Ethik ist allerdings nur begrenzt möglich, denn für jeden Menschen sind seine eigenen Werte der maßgebliche, nicht verhandelbare Rahmen.

Die Motivation aller Beteiligten im Unternehmen ist von entscheidender Bedeutung. So schaffen Sie die geeigneten Voraussetzungen:

- ***Die Grundsätze sollten Spielräume für individuelle Werte und kulturelle Unterschiede lassen.***
- ***Als Führungskraft sollten Sie sich immer Ihrer Vorbildfunktion bewusst sein.***
- ***Maßnahmen wie Beurteilungs- und Anreizsysteme sollten alle unterschiedlichen Aspekte der Gerechtigkeit berücksichtigen.***
- ***Um mehr Optionen für ethisch richtiges Verhalten zu gewinnen, ist der Diskurs mit (wechselnden!) Externen unerlässlich.***

30 MINUTEN

Inwiefern können Interessenkonflikte dem ethischen Diskurs dienen?

Seite 79

Wie können Sie mögliche Konfliktfelder in allen Abteilungen Ihres Unternehmens angehen?

Seite 80

Wie berichten Sie der Öffentlichkeit von Ihrem Erfolg?

Seite 84

4. Was kann ich tun? Herausforderungen im unternehmerischen Alltag meistern

Im letzten Kapitel werden zentrale Bausteine ethischer Unternehmensführung skizziert, die Ihnen Anregungen geben sollen, wie Sie ethisches Denken in Ihrem Unternehmen fördern können. Eine wesentliche Rolle spielt dabei eine gezielte Personalentwicklung. „Gezielt" meint nicht, den Aus- und Fortbildungskatalog Ihres Unternehmens noch dicker zu machen. Sondern die Personalentwicklung als Teil des ethischen Diskurses zu verstehen und Teilnehmer an Förderprogrammen zum Gedankenaustausch insbesondere mit hierarchisch höher stehenden Führungskräften zu ermutigen.

Außerdem werden in diesem Kapitel (zumindest beispielhaft) mögliche Konfliktfelder des unternehmerischen Alltags benannt.

4.1 Verantwortung ermöglichen

Ethisches Handeln in Unternehmen heißt, Verantwortung für die Handlungen des Unternehmens zu übernehmen und diese nicht an andere zu delegieren. Es gilt also, die persönliche Verantwortungsfähigkeit zu stärken. Als Führungskraft können Sie an zwei Stellen ansetzen.

Zum einen stellen Sie sicher, dass Mitarbeiter auch Verantwortung für ihr Ergebnis tragen können. Bauen Sie Verantwortungsbarrieren ab, wo dies möglich ist. Mitarbeiter müssen nachvollziehen können, welchen Baustein sie selbst zum Erfolg des Unternehmens beitragen. Viele Unternehmen erreichen das durch eine Rotation durch verschiedene Abteilungen in den ersten Wochen oder durch regelmäßige „Praktika" in anderen Abteilungen oder anderen Teams. Außerdem sollten Sie prüfen, ob Aufgaben so gestellt sind, dass es leichtfällt, Verantwortung zu übernehmen. Arbeitsschritte und Aufgabenpakete müssen dennoch ausreichend groß sein, ebenso der Handlungsspielraum (mit z. B. eigenen Budgets). Und mit Kontakt zum Kunden, egal ob interner oder externer Kunde.

Darüber hinaus leisten die beschriebenen Strategien einen wichtigen Beitrag: Die Stakeholder-Analyse schafft einen wichtigen Überblick über Ansprüche an das Unternehmen, das Leitbild gibt Führungskräften und Mitarbeitern Orientierung, und eine Integration ethischer Themen in das Schulungsangebot gibt die erforderlichen Kenntnisse weiter. Durch diese Institutionalisierung wird der Rahmen geschaffen, eine innere Struktur, die das Unternehmen selbst verantwortungsbewusst werden lässt.

Mitarbeiter und Führungskräfte müssen Verantwortung übernehmen können. Bauen Sie Verantwortungsbarrieren ab, wo immer dies möglich ist. 30

4.2 Interessenkonflikte erkennen, benennen und lösen

Ethische Probleme sind uns oft gar nicht sofort bewusst. Zum einen, weil uns unter Umständen die nötigen Kenntnisse und Erfahrungen fehlen, zum anderen, weil wir vielleicht von ähnlich denkenden Menschen umgeben sind. Sozialwissenschaftlich betrachtet, ist uns stets die Anerkennung unserer Bezugsgruppe wichtig. Wir hören weniger, was die Mitarbeiter unseres Unternehmens sagen, sondern vielmehr, was unsere Kollegen in Vorstand oder Aufsichtsrat sagen. Als Vertriebler tausche ich mich eher mit anderen Vertriebsmitarbeitern aus als mit Mitarbeitern der Produktion – schließlich haben diese auch ganz andere Probleme als ich.
Ulrich Hemel (2007) hat grundlegende handwerkliche Regeln benannt, die eine Grundlage effektiver Diskursethik in einem Unternehmen sind:

Regel 1: Sich ausreichend informieren, bevor Entscheidungen getroffen werden
Oberflächliche Entscheidungen ohne genaue Sachkenntnis sind wenig hilfreich, ebenso sollte stets kritisch hinterfragt werden, ob bekannte Details noch entscheidungsrelevant sind.

Regel 2: Güterabwägung
Beantworten Sie mit Ihrem Team die Fragen:

- Welche Argumente sprechen für und welche gegen eine Entscheidung?
- Welche Folgen hat die Entscheidung?
- Welche negativen Nebenfolgen können in Kauf genommen werden? Oder im Falle eines Dilemmas: Was löst den geringstmöglichen Schaden aus?
- Wie sieht ein Ausstiegsszenario aus und ab wann tritt es in Kraft?

30 *Fordern Sie als Führungskraft einen ethischen Diskurs ein. Seien Sie erst zufrieden, wenn unterschiedliche Meinungen aufeinandertreffen.*

4.3 Mögliche Konfliktfelder angehen

Die folgenden Konfliktfelder sind Beispiele dafür, wo in Unternehmen ethische Entscheidungen getroffen werden müssen.

Einkauf

Der Einkauf ist das Aushängeschild, wie ein Unternehmen mit seinen Zulieferern umgeht. Damit bewegt sich der Einkauf im Spannungsfeld zwischen der Forderung, günstige Einkaufspreise zu erzielen (und diese selbstverständlich regelmäßig zu senken), und dem Wunsch, als fairer und verlässlicher Partner wahrgenommen zu werden.

Es ist diskussionswürdig, ob Zulieferer durch Auktionen auf Online-Portalen zusätzlich unter Druck gesetzt werden sollten, um den besten Preis zu erzielen. Sollte dies dazu führen, dass man in mit Sicherheit auftretenden Sonderfällen ein Entgegenkommen des Zulieferers verspielt, hat man sich einen Bärendienst erwiesen.

Produktion

Die einen arbeiten an einer Maschine, die anderen in einem Büro, Produktion hat durchaus verschiedene Gesichter. Eine ethisch ausgerichtete Produktion in der Werkhalle nimmt Rücksicht auf die Belange der Mitarbeiter, bietet flexible Arbeitszeitmodelle und schafft Maschinen an, die Mitarbeiter auch über ihre reine Funktion hinaus unterstützen. So ist in einem Motorenwerk der Daimler AG für jeden Arbeitsplatz hinterlegt, wer an welchem Tag dort arbeitet. Die Motorenblöcke fahren dann automatisch in die richtige, auf die Körpergröße des Mitarbeiters abgestimmte Position.

Auch die Einrichtungen der Büros haben großen Anteil an der Arbeitszufriedenheit eines Mitarbeiters. Aber:

Über 30 Prozent aller Arbeitsplätze in Deutschland erfüllen nicht einmal die Mindestanforderungen der EU. Und dabei ist noch nicht von Umgebungen die Rede, die positive Emotionen auslösen. Schlechte Ausstattungen, die als Geringschätzung erlebt werden, sind ein Grund, warum 88 Prozent aller Arbeitnehmer in Deutschland sich nur wenig oder gar nicht emotional an ihren Arbeitgeber gebunden fühlen.

Buchhaltung

Die Buchhaltung ist für die einwandfreie Dokumentation aller finanziellen Transaktionen verantwortlich. Diese sollten nicht nur im Einklang mit geltender Rechtsprechung sein, sondern auch mögliche Spielräume der „kreativen Buchhaltung" nur mit Vorsicht nutzen. Zum einen profitiert jedes Unternehmen auch von den Ressourcen der Gesellschaft, daher scheint es moralisch geboten, auch einen Anteil des Gewinns an diese abzuführen. Auf der anderen Seite werden selten gegenwärtige Probleme dadurch gelöst, dass durch überzogene Rückstellungen eine Steuerlast auf die Zukunft verteilt wird.

Marketing und Verkauf

Ethisch verantwortliches Handeln ist ein beliebtes Verkaufsargument, das zur Positionierung einer Marke gerne verwendet wird. Aber hält ein Produkt diesem Anspruch tatsächlich stand? Das „So tun als ob", die Betonung von Selbstverständlichkeiten (z. B. die Bezeichnung „ohne Konservierungsstoffe" bei Marmeladen, obwohl das längst gesetzliche Vorschrift ist) oder die Werbung mit besonderer Umweltfreundlichkeit eines Produkts, obwohl es viele umweltfeindliche Eigenschaften besitzt, sind Spielarten des Greenwashing. Dazu zählt auch die Nutzung von Begriffen, die missverständlich bzw. subjektiv falsch interpretierbar sein können („Öko", „recyclingfähig", „So wertvoll wie ein kleines Steak" etc.). Eine wirklich nachhaltige Positionierung über ein ethisches Thema kann nur gelingen, wenn Behauptungen auch durch unabhängige Studien belegt werden können.

Jeder Unternehmensbereich hat andere Themen, die eines ethischen Diskurses bedürfen. Mitarbeiter anderer Abteilungen können helfen, neue Lösungen zu finden. 30

4.4 Personal (weiter-)entwickeln

Fast alle Themen der Personalarbeit haben ethische Relevanz, schließlich steht die Personalabteilung für den Umgang des Unternehmens mit ihren Mitarbeitern. Insbesondere sind zu nennen: Einstellung, Führung der Personalakten, Betreuung von Mitarbeitern, Training und Schulung, Beendigung von Arbeitsverhältnissen (freiwillig oder unfreiwillig).

Nutzen Sie schon die Einstellung von Mitarbeitern, um den ethischen Leitlinien Ihres Unternehmens ein Gesicht

zu geben: Was antworten Ihre Personaler, wenn sie nach den ethischen Leitlinien Ihres Unternehmens gefragt werden? Würden Sie bei diesem Unternehmen einen Arbeitsvertrag unterschreiben oder lieber nicht? Würden Sie Ihrem Kind empfehlen, bei Ihrem Unternehmen eine Ausbildung zu machen? Diese Leitfragen können helfen, mögliche Schwachstellen zu identifizieren.
Eine ethische, „menschliche" Gestaltung von Arbeit wird in Zukunft für viele Berufsgruppen eine immer stärkere Bedeutung haben, das wird der demografische Wandel verlangen. Ältere Arbeitnehmer werden andere Anforderungen an Arbeit haben; eine flexible Gestaltung von Arbeitszeiten kann Eltern nach der Geburt eines Kindes einen besseren Einstieg zurück in die Arbeit erlauben. Hier bieten sich viele Möglichkeiten der Mitarbeiterbindung, gerade wenn man als kleineres Unternehmen nicht beim Thema Gehalt das höchste Gebot abgeben kann.

30 *Als ethisch verantwortlich handelndes Unternehmen wird Ihr Unternehmen attraktiv für Menschen, die diese Werte teilen. Ein Wettbewerbsvorteil im „War for Talents".*

4.5 Vom Erfolg berichten

Nicht selten stehen Unternehmen für ethische Haltungen ein, betreiben einen nicht unbeträchtlichen Aufwand – und behalten das für sich. Weil es für sie selbstverständlich ist, als Finanzberater nur Geldanlagen zu vertreiben, die hohen ethischen Standards genügen. Oder als Arbeitgeber frischgebackenen Eltern eine besondere Unterstützung für die Kinderbetreuung zukommen zu lassen.

Engagement für ethische Anliegen kann zur Differenzierung in den Märkten dienen, in denen sich ein Unternehmen bewegt. Gegenüber Kunden, gegenüber Zulieferern, gegenüber (zukünftigen) Mitarbeitern. Aber nicht nur in der externen Kommunikation, auch in der internen Kommunikation kann es nützlich sein, das Engagement zu promoten: über Aushänge, Mitarbeiterzeitungen oder persönliche Berichte und Vorträge. Es kann die Verbundenheit der Mitarbeiter zum Unternehmen stärken. Nutzen Sie hierbei auch wieder die Stakeholder-Analyse, um interne und externe Zielgruppen zu erfassen. Die Analyse kann wichtige Impulse geben, für welche Zielgruppe welche Information von Interesse sein kann.

Die Fremdwahrnehmung des Unternehmens als moralische Instanz ist eine Chance, die allerdings auch Risiken birgt: Wer sich als ethisch einwandfreier Betrieb positioniert, der wird auch besonders behandelt werden, wenn Dinge ans Licht kommen, die nicht zu den publizierten Grundsätzen und Engagements passen. Grundsätzlich ist es hilfreich, wenn ethisches Engagement auch durch anerkannte externe Stellen geprüft und belegt ist.

30 ***Um ethisches Denken in Ihrem Unternehmen zu fördern, empfehlen sich folgende zentrale Bausteine:***

- ***Fördern Sie die Verantwortungsfähigkeit Ihrer Mitarbeiter.***
- ***Nutzen Sie das Auftreten von Interessenkonflikten, um ethische Probleme zu diskutieren und lösen zu können.***
- ***Alle Abteilungen des Unternehmens können zu Problemlösungen beitragen.***
- ***Ethische Grundsätze machen Ihr Unternehmen attraktiv für neue, talentierte Arbeitskräfte.***
- ***Positionieren Sie sich als ethisch vorbildlicher Betrieb in der Öffentlichkeit.***

Fast Reader

1. Unternehmensethik – Worum geht es?

Unternehmensethik setzt sich mit der grundlegenden Frage „Was soll ich tun?“ auseinander. Es geht darum, wie unternehmerische Freiräume genutzt werden.
Ethische Fragen können aus unterschiedlichen Perspektiven diskutiert werden. Entscheidend ist es, verschiedene Sichtweisen zu kombinieren, um ein umfassendes Urteil bilden zu können.
Ethik hält zunehmend Einzug in die betriebswirtschaftliche Ausbildung und erweitert damit das Erkenntnisobjekt der Ökonomen.

Ethisch reflektiertes Verhalten kann Unternehmen eine bessere Ausgangsposition ermöglichen:

- ***Sie haben ein besseres Standing nach außen, wenn Sie Ihrer gesamtgesellschaftlichen Verantwortung gerecht werden (CSR) und auch***

nach innen klare ethische Richtlinien einführen (Compliance).
- ***Für die Beurteilung ethischen Handelns muss zwischen der guten Absicht einer Handlung, der Bewertung der Handlung selbst und ihren Folgen abgewogen werden.***
- ***Im Spannungsfeld zwischen Moral und Ökonomie steht der Unternehmer immer vor der Herausforderung, ethisch vertretbare Entscheidungen zu treffen.***
- ***Eine eindeutige Berechnung des Nutzens durch ethisches Handeln ist hingegen schwierig.***

2. Was soll ich tun? Verankerung ethischen Denkens im Unternehmen

Verantwortung ist der zentrale Begriff der Unternehmensethik. Aufgabe der Organisation ist es, die Verantwortungsfähigkeit des Einzelnen und des Unternehmens zu steigern.
Zur Bestimmung der Ausgangsposition werden zunächst die Stakeholder des Unternehmens analysiert. Deren Ansprüche zeigen die ethischen Handlungsfelder für ein Unternehmen auf.
Ethische Leitlinien geben den Rahmen für das Verhalten aller Mitarbeiter und Führungskräfte im Unternehmen vor. Wichtig für deren Akzeptanz

sind die Konkretisierung im Alltag und die Unterstützung durch die Unternehmensleitung.

Für eine strategische Gestaltung der Unternehmensethik kommt es darauf an, 30

- ***eine positive Unternehmenskultur aufzubauen,***
- ***ethische Leitlinien als zentrale Bausteine zu implementieren,***
- ***messbare Kriterien festzulegen und durch Monitoring transparent zu machen,***
- ***konkrete Maßnahmen einzuleiten, beispielsweise durch Einsetzen eines Ethikbeauftragten.***

3. Was will ich tun? Mitarbeiter finden und führen

Das im Arbeitskontext bevorzugte Verhalten von Menschen lässt sich auf unterschiedlichen Ebenen beschreiben. Die Berücksichtigung dieser Verhaltensweisen kann wichtige Impulse für die Institutionalisierung des „Wollens" geben.
Die Unternehmensführung hat sicherzustellen, dass die richtigen Dinge getan werden – und die Dinge richtig getan werden. Das gilt insbesondere bei ethischen Fragestellungen.
Beurteilungs- und Anreizsysteme stehen unter besonderer Beobachtung. Was als gerecht oder

ungerecht angesehen wird, kann nach verschiedenen Prinzipien beurteilt werden.

30 ***Die Motivation aller Beteiligten im Unternehmen ist von entscheidender Bedeutung. So schaffen Sie die geeigneten Voraussetzungen:***

- ***Die Grundsätze sollten Spielräume für individuelle Werte und kulturelle Unterschiede lassen.***
- ***Als Führungskraft sollten Sie sich immer Ihrer Vorbildfunktion bewusst sein.***
- ***Maßnahmen wie Beurteilungs- und Anreizsysteme sollten alle unterschiedlichen Aspekte der Gerechtigkeit berücksichtigen.***
- ***Um mehr Optionen für ethisch richtiges Verhalten zu gewinnen, ist der Diskurs mit (wechselnden!) Externen unerlässlich.***

4. Was kann ich tun? Herausforderungen im unternehmerischen Alltag meistern

Mitarbeiter und Führungskräfte müssen Verantwortung übernehmen können. Bauen Sie Verantwortungsbarrieren ab, wo immer dies möglich ist.

Fordern Sie als Führungskraft einen ethischen Diskurs ein. Seien Sie erst zufrieden, wenn unterschiedliche Meinungen aufeinandertreffen.

Jeder Unternehmensbereich hat andere Themen, die eines ethischen Diskurses bedürfen. Mitarbeiter anderer Abteilungen können helfen, neue Lösungen zu finden.
Als ethisch verantwortlich handelndes Unternehmen wird Ihr Unternehmen attraktiv für Menschen, die diese Werte teilen. Ein Wettbewerbsvorteil im „War for Talents".

30

Um ethisches Denken in Ihrem Unternehmen zu fördern, empfehlen sich folgende zentrale Bausteine:

- ***Fördern Sie die Verantwortungsfähigkeit Ihrer Mitarbeiter.***
- ***Nutzen Sie das Auftreten von Interessenkonflikten, um ethische Probleme zu diskutieren und lösen zu können.***
- ***Alle Abteilungen des Unternehmens können zu Problemlösungen beitragen.***
- ***Ethische Grundsätze machen Ihr Unternehmen attraktiv für neue, talentierte Arbeitskräfte.***
- ***Positionieren Sie sich als ethisch vorbildlicher Betrieb in der Öffentlichkeit.***

Der Autor

Marc Tscheuschner, Dipl.-Oec., Jahrgang 1970, studierte Wirtschaftswissenschaften an den Universitäten in Göttingen und Kassel. Nach Abschluss des Studiums arbeitete er als Management Consultant in einer klassischen Unternehmensberatung. 2002 wechselte er als Mitglied der Geschäftsleitung in ein Dienstleistungsunternehmen. Seit 2007 ist er Geschäftsführer der Team Management Services GmbH, dem Zentrum des Team Management Systems von Margerison-McCann für Deutschland. Er bildet Führungskräfte, Coaches und Trainer in den Instrumenten des Team Management Systems aus, arbeitet für Organisationen und einzelne Teams, die ihre Leistungsfähigkeit weiter verbessern wollen. Außerdem ist er Vorsitzender des Aufsichtsrates einer Jugendhilfe-Einrichtung. Marc Tscheuschner ist verheiratet, begeisterter Vater einer Tochter und lebt in Bad Nauheim.

Weiterführende Literatur

- Göbel, Elisabeth: Unternehmensethik, Stuttgart 2010
- Hemel, Ulrich: Wert und Werte. Ethik für Manager – ein Leitfaden für die Praxis, München 2007
- Hofstede, Geert H.: Culture's Consequences: Comparing Values, Behaviors, Institutions and Organizations across Nations, London 2001
- Kößler, Michael: Der gerechte Lohn aus betriebswirtschaftlicher und philosophischer Sicht, Linz 2001
- Schein, Edgar H.: Organisationskultur, Bergisch Gladbach 2003
- Simon, Fritz B.: Gemeinsam sind wir blöd!?, Heidelberg 2009
- SPIEGEL Online: Ethik-Häppchen für den Nachwuchs, http://www.spiegel.de/unispiegel/jobundberuf/0,1518,703691,00.html
- Tscheuschner, Marc, und Wagner, Hartmut: TMS – Der Weg zum Hochleistungsteam, Offenbach 2008
- Wöhe, Günther: Einführung in die Allgemeine Betriebswirtschaftslehre, München 2010

Register